LIEBE ÜBER ANGST

- Texte und Gedichte -

Christine Reichel

Hipp hipp hurra!

Mein tolles, neues Buch ist da!
Hab wieder vieles für dich zusammengeschrieben.
Hauptsächlich über das Leben, Ängste und das Lieben.
Für einen leichteren Lesefluss,
gibt´s wieder reimende Texte,
von Anfang an, bis zum Schluss.
Ich liebe es zu schreiben und ich liebe es zu reimen.
Ich liebe es dir Mut zu machen - im Großen wie im Kleinen.
Auch mich baut es auf meine Texte zu lesen,
denn ab und zu, bin auch ich ein sehr zerbrechliches Wesen.
Ich freue mich riesig, dass du mein Buch hier liest.
Und ich hoffe, positives bleibt dir erhalten,
auch wenn du es wieder verschließt.

Liebe/r Leser/in,
wie schön, dass es dich gibt.
Du bist ein wahres WUNDERWERK
und sei dir gewiss,
da ist immer jemand, der dich von Herzen liebt!

IMPRESSUM

© 2024 by Christine Reichel
Buchcover: Design Christine Reichel,
Bild istockphoto (cybrain)
Herstellung und Verlag: BoD – Books on Demand, Norderstedt
1. Auflage: Juli 2024

Bibliografische Information der Deutschen Nationalbibliothek:
Die Deutsche Nationalbibliothek verzeichnet diese Publikation in der Deutschen Nationalbibliografie; detaillierte bibliografische Daten sind im Internet über http://dnb.dnb.de abrufbar.

ISBN: 9783759758187

Ich widme dieses Buch

Toni ♥

Inhaltsverzeichnis

Vorwort

Ich habe dieses Buch geschrieben, um dir zu helfen. Ich möchte dir helfen, dein Leben leichter, sorgenfreier und schöner zu gestalten. Ich möchte dir helfen, indem ich dir persönliche Erfahrungsschätze - in Form von kurzen Texten und Gedichten - weitergebe. Sie helfen auch mir, mein Leben leichter, schöner, mutiger und genussvoller zu erleben. Ich hoffe, dass dir dieses Buch in mancher Hinsicht die Augen öffnet, dich bestärkt und dir Mut macht. Und dass es dir hilft, dass du Probleme und Schicksalsschläge leichter überstehst.

Dieses Buch soll dich außerdem wieder erinnern! Erinnern an das Schöne und Gute im Leben. Und daran, dass das Beste und Schönste oft ganz leicht und einfach ist. Es bist nur DU (und Ich), der es gerne schwierig und kompliziert macht!

Wir Menschen sind vielfältig und verschieden. Was *mir* hilft und guttut, muss dies nicht zwangsläufig bei dir. Aber sicherlich findest du dennoch eine ganze Menge im Buch wieder, dass sich für dich gut und stimmig anfühlt und mit dem *du* in Resonanz gehst.

Auch wenn es sich „nur" um ein Gedichtebuch handelt, welches sich gerne schnell durchlesen lässt, so empfehle ich dir am besten immer nur ein bis zwei Gedichte täglich oder gar wöchentlich daraus zu lesen. Die Wortwahl meiner Gedichte ist zwar einfach und leicht verständlich, aber in dieser Einfachheit steckt oft mehr Tiefe als es auf den ersten Blick erscheinen mag. Daher kann ich dir empfehlen, nicht zu viele Texte auf einmal zu lesen und stattdessen das Gelesene zu reflektieren und v.a. in deinen Lebensalltag einfließen zu lassen.

Nehme dir aus den Gedichten und Texten das heraus, was sich für dich gut anfühlt. Wir sind alle auf dem Weg. Auf dem Weg des Wachsens, Lernens und Liebens. Auch ich! Ich bin nicht allwissend und auch ich habe meine Fehler, Sorgen und Ängste. Auch mir ist es dienlich, hin und wieder in meinem eigenen Buch etwas nachzuschlagen bzw. anderweitig dazuzulernen. (Zwar habe ich dieses Buch geschrieben, dennoch gelingt es mir auch nicht ständig, alles in die Tat umzusetzen, wofür ich hier plädiere.)

Vielleicht wirst du mit diesem Buch kein neues Wissen erfahren, denn vielleicht hast du das meiste schon einmal gehört oder gelesen. ABER vielleicht beginnst du alles ein bisschen **bewusster** in dir aufzunehmen und andere Gewohnheiten anzunehmen. Vielleicht beginnst du dein Leben mehr zu genießen oder ein wenig neu zu gestalten. Das wäre wunderbar!

Betrachte dieses Buch als ein Motivationsbuch im Kampf gegen deine Ängste und Sorgen. Vertraue und Glaube! Und lass LIEBE über deine Angst regieren!!!

Das wünsche ich dir.
Herzlichst,

Christine

Ich möchte keine hochphilosophischen,
komplizierten Gedichte schreiben.
Vielmehr verständnisvolle Texte,
damit sie dir leichter im Gedächtnis bleiben.

Ich möchte, dass du nicht mehr so viel zweifelst,
dich sorgst und dich bangst.
Ich möchte, dass du wieder mehr vertraust,
dich liebst und mehr Leichtigkeit erlangst.

Lass uns dieses Leben zum allerschönsten entfachen,
da wo Ängste keine Chance haben,
weil die Liebe - stärker denn je - in uns beginnt zu erwachen!

Die wohl größten Probleme unserer Gesellschaft

Meiner Meinung nach sind die größten Probleme unserer Gesellschaft: Stress, Ängste und Vergleiche!

Stress: Der Großteil der Menschen fühlt sich sehr oft gestresst. Ist das körperlicher Stress? Nein, Stress wird durch unsere Gedanken erzeugt. Unser unaufhörlicher Gedankenstrom. Wir können in Stresssituationen den Moment nicht annehmen, so wie er ist. Ständig denken wir daran, was es als Nächstes und wiederum Nächstes zu tun gibt.

Wie oft leben wir nicht im Augenblick - nicht im Hier und Jetzt? Achte einmal darauf und werde dir dessen bewusst. Mir selbst passiert das noch ganz oft, dass sich meine Gedanken um die Zukunft drehen. Den allermeisten Menschen ergeht es so: *„Was muss ich als Nächstes erledigen?" „Was muss ich heute noch alles tun, was morgen, was nächste Woche?" „Es wird doch hoffentlich nichts schlimmes passieren?"*

Aber nicht nur, dass wir mit unseren Gedanken ständig um die Zukunft kreisen, sondern wir versinken mit ihnen auch gerne in die Vergangenheit: *„Hoffentlich passiert mir das nicht noch einmal!" „Ach, hätte ich es doch damals anders gemacht!" „Warum musste das ausgerechnet mir passieren!?" „Hätte ich es doch damals richtig gemacht!" „Hätte ich mich damals bloß anders entschieden!" „Ach, wie schön es früher war!"*

Wie oft denken wir an das, was war? Wie oft denken wir an morgen, übermorgen, nächste Woche und immer wieder den nächsten Moment? Wie oft?

Meist sehr oft! Zu oft!

Natürlich ist es hilfreich, wenn wir uns an die Zukunft oder die Vergangenheit wenden. Aus Erfahrungen lässt sich lernen! Auch können wir uns rückblickend schöne Bilder der Vergangenheit betrachten. Sei es im Fotoalbum, Handy oder vor dem geistigen Auge. Das kann sehr wohltuend und wundervoll sein. Ebenso können wir uns Zukunftsszenarien ausmalen. Träume und Ziele, die uns aufbauen und motivieren. All dies ist gut und wichtig!

Aber achte mal darauf, WIE OFT du dich mit deinen Gedanken, entweder in der Zukunft oder in der Vergangenheit aufhältst. Wie oft lassen wir uns von unserem Verstand einnehmen, mit dem, was war oder als Nächstes passieren könnte? Doch dadurch verpassen wir das Beste, was wir haben - nämlich das JETZT!

Machen wir uns bewusst: Nichts ist Vergangenheit und nichts ist Zukunft, aber alles ist Jetzt!

Die Gegenwart ist *immer* das, was wir haben. NUR DIESE IST REAL! Im Hier und Jetzt (ohne unseren Denker und unser ständiges Gegrübel) liegen die wahren Schätze des Lebens verborgen: Die Freude, der innere Frieden, das Vertrauen, das Loslassen, der Genuss, die Ruhe, die Leichtigkeit, die Liebe, die Wunder. DAS LEBEN!

Nur das Jetzt ist Wirklichkeit! Nur der Augenblick kann **ge**lebt und **er**lebt werden!

Es ist ein großes Problem, und wenn nicht sogar das größte Problem unserer Gesellschaft, dass sehr viele Menschen durch ihren unaufhörlichen Gedankenstrom krank werden oder bereits krank sind. Die Menschen leiden an Unzufriedenheit, Angst- und Panikzuständen, Rückenschmerzen, Burnout, Magengeschwüren, Kopfschmerzen, Nervenzusammenbrüchen, Depressionen, usw. Diese können natürlich auch durch ungesunde Ernährung,

Bewegungsmangel oder Vergiftungen (Toxine) hervorgerufen werden. Aber sehr oft werden sie durch mentalen Stress verursacht.

Durch unser ständiges Denken fühlen wir uns unruhig, getrieben und gestresst. Es fällt uns schwer „abzuschalten" und einmal komplett zur Ruhe zu kommen. Und neben unserem eigenen Gedankenwirrwarr, kommt auch noch hinzu, dass wir meist einer ständigen Berieselung durch Fernseher, Radio, Smartphone, Internet (social Media!), usw. ausgesetzt sind. Und da wir all diesen Input meist nicht aufnehmen können, ohne ihn zu bewerten, beginnen wir zu vergleichen und zu analysieren; und unser Kopf rattert und rattert.

Am Anfang dieses Textes schrieb ich, dass unsere größten Probleme Stress, Ängste und Vergleiche sind. Eigentlich sind auch Ängste und Vergleiche nichts anderes als Stress!

Denn auch mein nächster Punkt **Ängste**, auf den ich kurz eingehen möchte, resultiert zumeist aufgrund von Gedankenspielereien aus der Vergangenheit und v.a. der Zukunft, und verweigert uns dadurch den friedvollen Augenblick.

„Das ist schon einmal schiefgelaufen. Was wenn es wieder so besch... läuft!?" Hoffentlich werde ich nicht (wieder) so mies behandelt!" Hoffentlich blamiere ich mich nicht (wieder)!" „Was, wenn ich versage?" „Was, wenn mich jemand auslacht?" „Es wird doch hoffentlich nichts schlimmes passieren?" „Was, wenn es nicht gut wird?"

Ängste sind größtenteils nicht eintreffende, aneinanderreihende Szenarien unserer Gedanken, was EVENTUELL in ferner Zeit passieren könnte.

Angstgefühle resultieren aus einem Mangel im Hier und Jetzt! Die wenigsten unserer Ängste sind real. Vielmehr sind sie eine Illusion unserer Gedanken, was in der Zukunft passieren KÖNNTE.

Mein dritter und letzter Punkt, der uns in den Wahnsinn treiben kann, sind **Vergleiche**.

Vergleiche machen uns unruhig und unzufrieden und sie vermitteln uns ein Gefühl des Mangels.

Wie oft lassen Vergleiche, ein Neid- und Eifersuchtsgefühl in uns auslösen? Und wie oft toben, daraus bedingt, Unruhe und Unzufriedenheit ins uns?

Wie oft haben wir Komplexe, weil wir uns mit anderen Vergleichen? Aber dann nicht mit Menschen, denen es schlechter geht als uns, sondern mit denjenigen, die scheinbar mehr haben als wir. Wie oft sind wir nicht mit dem Zufrieden und über das Dankbar, was wir haben, und wünschten uns stattdessen *mehr* oder *etwas anderes*. Etwas „Besseres", so wie der oder die. Ein schöneres Aussehen, mehr Geld, mehr Freiheit, mehr Gesundheit, mehr Ansehen, mehr Talente, etc.

Doch auch dieser dritte Problempunkt der Menschheit, fußt primär auf einem mangelnden Sein. Das Hier und Jetzt wird nicht angenommen. Wenn wir vergleichen, sind wir nicht HIER, sondern DORT. Mit unseren Gedanken sind wir dort, wo es jetzt „besser" sein *könnte*. Dort, wo es jetzt „leichter" sein *könnte*. Unser Ego, dass das Sein nicht kennt, kann vieles nicht unkommentiert lassen und meint alles bewerten zu müssen. Und es meint ständig nach etwas zu suchen und zu vergleichen, damit es uns besser geht. Aber solange wir dies tun, können wir nicht glücklich werden. Denn nur derjenige, der *nicht* nach Glück sucht, ist glücklich!

Was können wir tun, damit wir uns von unseren Vergleichen (Unzufriedenheiten), Ängsten und Stress befreien können? Was können wir tun, damit es uns besser geht?

Meines Erachtens benötigen wir wieder mehr **Gottvertrauen** und **Leben im Augenblick**.

So, wie wir uns Stress, Ängste und Unzufriedenheit antrainiert haben, so können wir diese auch wieder verlernen. Das Zauberwort heißt hierfür BEWUSSTSEIN. Und Bewusstsein heißt wiederum Gegenwärtigkeit. Nehmen wir wieder öfter die Präsenz des Augenblicks wahr. Dazu können wir (müssen wir aber nicht!) meditieren. Wir können Gegenwärtigkeit - das Gefühl des Zufriedenseins - durch ganz alltägliche Dinge in unser Leben integrieren und wahrnehmen. Zum Beispiel, indem wir bewusst auf unsere Atmung achten. Oder indem wir beim Gehen genau unsere Schritte wahrnehmen. Indem wir beim Kauen unseres Essens darauf achten, dass wir nicht hastig in uns hineinschlingen, sondern genießen und schmecken. Indem wir beim Duschen oder Händewaschen, auf das Gefühl des Wassers auf der Haut achten. Indem wir unserem Partner oder Kind genau zuhören, wenn er/es mit uns redet. Wir können auch kochen, putzen oder Wäsche aufhängen und dies bewusst tun.

Und jedes Mal, wenn wir kurz innehalten und uns fragen, ob wir im Moment leben, genau dann tun wir es.

Nehmen wir wieder öfter den Moment wahr. Denn weder Vergangenheit noch Zukunft sind real. Alles ist JETZT! Nur das Jetzt macht uns frei. Auch liegen hier die wahren Wunder und Geschenke des Lebens verborgen, nach denen wir immer wieder suchen und uns sehnen. In der Gegenwärtigkeit können wir einen tiefen, inneren Frieden wahrnehmen sowie die Liebe Gottes empfangen. Und wenn wir die Liebe Gottes spüren, dann werden wir uns nicht vergleichen wollen oder uns nach einem anderen Ort sehnen. Wir haben den Frieden und das Vertrauen in uns. Das (Ur)Vertrauen, dass Gott uns lenkt und auch perfekt geschaffen hat - mit all unseren Stärken und „Schwächen". (Alle Schwächen sind zumeist auch immer Stärken!)

Auch haben wir dann das Vertrauen, dass alles kommt, wie es kommt. All das Gute und all das „Schlechte". Und auf all das „Schlechte" können wir bauen. Wir können daran lernen und wachsen. Aber das gelingt nur dann, wenn wir den Moment und unser Schicksal annehmen und nicht verfluchen oder verdammen. Aus nicht angenehmen Lebenssituationen werden wir oft dazu gezwungen, etwas zu ändern, welches dann wiederum unserer Erfahrung dient, aus der wir gestärkt hervorgehen können. Aus etwas Negativem kann etwas Neues, hilfreiches wachsen. Etwas, das unseren Horizont erweitert. Wir dürfen nur nicht die Ruhe und das (Gott)Vertrauen verlieren.

Versuchen wir zu VERTRAUEN und LEBEN wir wieder öfter den Moment! Dann kann LIEBE über unsere Angst regieren!

Overload

Anmerkung: Weniger ist oft mehr.
Bzw. ein Mittelmaß von allem zufriedenstellender!

Je weniger ich denken will,
umso mehr denk ich nach
Emotionen und Gedankenfluten,
ich wünscht, sie lägen brach

Hätte, wenn und aber
und was und warum?
Fragen und Erklärungen,
ich wünscht, es wäre stumm

Berieselung hier, Berieselung dort
Ich möchte meinen Kopf ausstellen
Keinen Gedanken hegen
und sprechen kein Wort

Wir sind alle overload - völligst überladen
Die Stille fällt uns schwer,
unaufhörlich unser Gedankenbaden

Wir suchen die Ruhe,
doch wir können nicht fliehn
Zu viel prasselt auf uns ein,
Gedankenreize wollen sich uns nicht entziehn

Spielzeug, Kleidung, Souvenirs
Wir kaufen mehr und mehr
Doch es währt nur kurz Befriedigung,
schnell muss Neues wieder her

Wir haben von allem,
längst mehr als genug
Aber wir werden nicht satt,
betäuben uns im Selbstbetrug

Wir sind alle overload - völligst überladen
Im Rausch des Konsums,
verlieren wir unseren Lebensfaden

Wir suchen die Zufriedenheit,
doch das Glücklichsein fällt schwer
Zu viel prasselt auf uns ein
und aller Materialismus erfüllt uns nicht mehr

Streben nach tausend Klicks auf Facebook
Noch mehr auf YouTube und auf Instagram
Haben zigtausend „Freunde" und Follower,
aber dennoch fühlen wir uns einsam

Glotzen dauernd auf das Smartphone,
schaun uns kaum mehr um
Abgelenkt von zu viel Trubel,
sehn wir nicht die Wunder,
direkt um uns herum

Wir sind alle overload - völligst überladen
Die Stille fällt uns schwer,
unaufhörlich unsere Netzwerkdaten

Wir sehnen uns nach Ruhe,
doch sie fällt uns wahrlich schwer
Zu viel prasselt auf uns ein
Wir ertrinken in unserm Berieselungsmeer

Wir sind getrieben, in einer hektischen Welt,
aus höher, schneller, weiter
Wir haben mehr denn je,
aber oft scheinen wir rückwärtszugehen,
auf unserer Lebensleiter

Wir sehnen uns nach wahrer Freundschaft,
nach Liebe und Geborgenheit
Wir wünschten uns mehr Ruhe
- mehr Qualität statt Quantität -
für unsere kostbare Zeit!

Wir sind alle overload - völligst überladen
Abhängig und aufgedreht
von Kuchen, Eis und Limonaden

Zuckerspeisen haufenweise,
nicht nur als Dessert
Fast überall kommt Süßes rein
Erst ein bisschen, dann stets mehr

Ausnahmsweise Zuckerteilchen
an Geburtstag, Ostern, Weihnacht
Ja von wegen, wenn´s so wär´,
dann hätt kaum jemand ein Speckröllchen mehr

Mit glitzernden Kristallen
sind wir vollgetankt
Doch schon nach wenigen Stunden,
unser Blut nach mehr verlangt

Wir sind alle overload - völligst überladen
Die kleine, weiße Zuckerdroge befüllt gern unsern Magen

Einfach mal nix tun!

Mach doch „einfach" mal nix!
Keine Berieselung über Smartphone, Nintendo oder Netflix
Kein Facebook, Insta, YouTube
Keine Likes, keine Posts und keine Klicks

Keine Arbeit, keine Telefonate, kein Termin
Einfach nur mal chilln vor dem Kamin
Im Garten, im Park, wo auch immer du bist
Keiner der was will, dich liked oder dissed

Eigentlich total einfach,
so überhaupt gar nix zu tun
Dennoch fällt's uns wahnsinnig schwer,
nur mal in uns selbst zu ruhn!

Ich habe erkannt ...

Ich habe erkannt,
dass alles, was nicht
MIT, DURCH oder IN Liebe geschieht,
nur eine Illusion ist.

Und ich habe erkannt,
dass du dir deine Großartigkeit
nicht erkämpfen oder erarbeiten musst,
weil du es schon bist!

Alles, was nicht Liebe ist, ist Illusion.

LIEBE ist immer Wirklichkeit!

LIEBE denkt nicht und dennoch weiß sie um die Wahrheit!

In dem Moment, wo wir lieben, denken wir nicht!
Aber die Angst denkt!
Sie ist getrieben vom Ego und versperrt uns die Sicht!

Leider erscheint uns die Angst, meist realer als die Liebe
Aber Ängste sind fast immer nur Einbildungen - Illusionen
Daher ist es an der Zeit, sie endlich mit Liebe zu überthronen!

Mit einem Leben in Angst,

erschaffen wir uns die Hölle auf Erden

Doch mit der Rückkehr zur Liebe,

können wir wieder erlöst werden!

Tausche Rucksack gegen Flügel

Warum packen wir unsere Sorgen von gestern nicht einfach zusammen
und werfen sie weg?
Warum quälen wir uns und schleppen unnötigen Ballast mit
als unser Gepäck?
Stellen wir unseren tonnenschweren Rucksack doch endlich beiseite!
Dann haben wir wieder Platz, um unsere Flügel aufzuspannen
und uns gelingt Leichtigkeit und Weite!

Fort mit Angst und Sorgen

Wenn ein Mensch geängstigt ist,
wie soll dieser denn in Freiheit leben?
Ein seelisches Übel ist aller Angst,
an der wir bleiben zu sehr kleben!

Angst, so auch vor Krankheit, ist wie schlimmes Gift
Folglich das Szenario „krank vor Sorge" tatsächlich uns betrifft
Wie soll denn all das Gute, zu uns wiederkehrn,
wenn wir anstatt dem Fröhlichen, das Traurige vermehrn?
Wir erschaffen uns unsere Realität, auf das, was wir uns fokussiern
Und wenn wir uns Sorgen machen,
dann werden sich diese auch leichter manifestiern

Die Krankheit vieler Menschen ist, dass sie sich Sorgen machen
Zu wenig hier und jetzt, stattdessen Gedankenfluten,
die in ihnen erwachen
Beginnen wir doch endlich, uns frei davon zu machen
Den Tag zu loben und das Gute und Göttliche zu entfachen
Den Fokus darauf gerichtet, wir sind im Innern erlöst
Im Vertrauen zu Gott, dass genau er weiß,
warum uns dies und jenes zustößt

Beginnen wir vermehrt, auf die Melodie des Lebens zu vertraun
Mit der Kraft des Moments, des Glaubens und der Liebe zu schaun
Ja! Vertrauen, glauben und lieben wir wieder viel mehr
Du wirst sehen - Heilung wird kommen, wie ein Wunder daher!

Angst- und Sorgenabbau durch die Kraft des Gesprächs

Eines der besten Mittel, um von seinen Sorgen loszukommen, ist das Gespräch. Ein Gespräch mit jemandem, dem man vertraut und bei dem man sich wohlfühlt. Seine Sorgen und Ängste für sich zu behalten, oder wie man so schön sagt, „in sich hineinzufressen", verursacht große Nervenanspannungen und seelischen Ballast. Seit Sigmund Freud machen sich Psychotherapeuten dieses Wissen zunutze, indem sich ihre Patienten, durch das Sprechen von ihren inneren Unruhen befreien können.

Warum hilft das Sprechen vielen Menschen?
Weil wir jemanden brauchen, der sich für uns interessiert und uns das Gefühl vermittelt, dass wir mit unseren Sorgen und Problemen verstanden werden. Es tut uns gut, wenn wir uns „Luft verschaffen" können und unsere aufgestaute Energie loswerden.

Bestimmt hast du es schon einmal erlebt, dass du nach einem Gespräch, mit einer dir anvertrauten Person, zu weinen angefangen hast. Dadurch fühltest du dich wieder entspannter, befreiter und leichter. Keine Ahnung, was genau in unserem Körper vor sich geht, dass es uns nach dem Aussprechen unserer Ängste besser geht. Vielleicht, weil uns jemand zuhört, der uns Mitgefühl und Verständnis zeigt und wir dadurch das Gefühl haben, wir sind nicht allein in unserer misslichen Lage. Jemand ist für uns da! Vielleicht erkennen wir, durch das Aussprechen unserer Sorgen, auch den Zusammenhang unserer Probleme genauer. Wir erkennen dadurch, warum uns manches „triggert". Zum Beispiel wird uns vielleicht plötzlich bewusst, dass uns unsere Ängste in unserer Kindheit anerzogen wurden, weil bereits Vater und Mutter sehr ängstlich waren.

Sobald wir uns „etwas von der Seele geredet haben", wird unser Sympathikusnerv (der für Kampf- und Fluchtverhalten zuständig ist) ruhiggestellt und unser Entspannungsnerv, der Parasympathikus, kommt zum Vorschein. Unser gesamtes Nervensystem beruhigt sich, sobald wir uns einer anvertrauten Person mitgeteilt haben.

Wir müssen für ein gutes, intimes Gespräch nicht gleich zum Psychiater gehen. Oftmals ist es ausreichend, wenn wir lieb einen Freund, einen Verwandten oder den eigenen Partner um Hilfe bitten, dass er uns zuhört und gegebenenfalls einen Ratschlag erteilt.

Viele Menschen werden und wurden durch die Kraft der Worte gesund. Auch können wir uns jederzeit und jederorts Gott anvertrauen. Im Gebet können wir uns mit der unerschöpflichen Kraft, die alles bewegt und das Universum dreht, verbinden. Wir dürfen in unserer Schwäche jederzeit zu Gott kommen. Er hört uns zu, tröstet uns und nimmt unsere menschliche Schwäche von uns.

Durch die Sprache des Gebets und die Annäherung zu Gott, hat noch kein Mensch der Welt eine negative Wirkung erfahren. Im Gegenteil, unsere Seele, wie auch unser Körper, verspüren dadurch nur positive Resonanz. Im Gebet beruhigt sich unser Nervenkostüm; wir sprechen uns aus und wir werden ruhiger; uns durchströmt ein Gefühl des Friedens. Wir gelangen aus der Angst des Egos, in den Zustand des Jetzt: Wir sind da! Gott ist da!

**„Bittet, so wird euch gegeben; suchet, so werdet ihr finden;
klopfet an, so wird euch aufgetan."**

Lukas 11,9

Ängste und Sorgen bleiben mir fern,
denn ich werf meine Lasten auf den Herrn
Er schenkt mir Hoffnung und Zuversicht
und wandelt mein Trübsinn in helles Licht

Fühl ich mich panisch und ausgebrannt,
so leg ich meine Schwäche in seine Hand
Ich erzähle, was mich quält und bedrückt
und schon wird meine Seele zurechtgerückt

Verbunden mit der Quelle

Anmerkung: Wie Speichen eines Rades sind wir Strahlen. Wenn wir unsere Position vom Rand aus bestimmen, dann erscheinen wir alle unterschiedlich und getrennt voneinander. Wenn wir uns aber am Ausgangsort, unserer Quelle - also in der Radmitte - definieren, so haben wir eine gemeinsame Identität. (Danke liebe Marianne Williamson, für diese schöne Metapher. Aus dem Buch „Rückkehr zur Liebe".)

Wir sind alle mit der Quelle verbunden
So wie Strahlen, die an der Sonne hängen;
so wie Wellen im Meer
Ein Strahl kann sich nicht von der Sonne trennen
und eine Welle schwimmt niemals allein daher
- auch sie braucht ihre Quelle,
ihr großes, starkes Meer!

Besonders?!

Wir alle sind besonders!

Und doch ist wiederum niemand besonders!

Wäre jemand etwas Besonderes,

dann würde das bedeuten, er wäre von allen anderen getrennt!

Erwachen 1.0

Ich habe erkannt,
dass alles, was meinem Leben wahren Wert verleiht,
jenseits meines Verstandes existiert
Die Liebe, die Freude, innerer Frieden und echte Schönheit

Ich beginne zu erwachen
und ich erkenne, wir sind alle EINS
Es gibt kein besser oder schlechter
Tief im Innern,
da sind wir alle Liebesverfechter!

Was ist Liebe?

Liebe ist nie materiell,
sondern die Verkörperung purer Energie
Liebe hüllt dich ein,
wie in einen Zauber voll Magie

Liebe ist getränkt,
in Klarheit und Licht
Mit keinem Geld der Welt zu kaufen,
sondern das beste Gefühl, das aus dir ausbricht

Liebe ist in einem Raum, einer Person oder Situation
Wohltuend, geborgen und herzerwärmend,
offenbart sie dir die allerschönste Dimension

Liebe ist Güte, Geben, Barmherzigkeit,
Mitgefühl, Nichtverurteilung, Freude und Verbundenheit

Liebe ist grenzenlos,
jederzeit für jeden zu haben
Liebe bist DU und Liebe bin ICH,
Komm, lass sie uns mutig nach draußen tragen!

Anmerkung: Warum schreibe ich „…. *mutig* nach draußen tragen."?
Weil es Mut bedarf, zu sich selbst zu stehen; sich so zu zeigen, wie
man ist. Ohne Maske und ohne Verstellung.

Ist das nicht wunderbar?!

Du bist nicht das, was du zu sein glaubst

Du bist weder dein Titel, dein Haus, dein Geld, dein Diplom

Alles, was du bist, ist Liebe

ÜBERALL - in jedem noch so kleinen Atom!

Liebe über Angst

Jeder von uns trägt eine tiefe, bedingungslose Liebe in sich
Aber im Lauf der Jahre kamen Ängste und sie wich
Zorn, Schmerz, Egoismus, Sucht und Gier,
Missbrauch, Korruption und Gewalt,
sie sind alles Ausdruck von Angst in dir

Verhalten wir uns lieblos, dann haben wir vergessen,
wer wir wirklich sind
Ganz egal in welcher Form sich unser negatives Verhalten äußern mag
- letztendlich ist es die Angst, die aus uns entrinnt

Wenn wir schimpfen, schlagen, mobben,
so ist das als ein verzweifelter Ruf nach Liebe anzusehn
Wir handeln aus der Angst heraus,
während wir zugleich zutiefst nach Liebe flehn

Wir können wieder angstfrei werden,
indem wir uns bewusst werden,
dass wir ganz viel Liebe in uns tragen
Und indem wir uns bewusst werden,
dass unser Verstand oft dazwischenkommt
und gerne anfängt zu verletzen, zu rebellieren und zu klagen

Wenn wir volles Vertrauen in die Liebe setzen,
dann können wir erkennen,
dass hinter jeder Angst, die Liebe existiert

Dann können wir erfahren, dass nur die Liebe wirklich ist
- die Angst jedoch unecht und dass sie nur halluziniert

Wir können wieder angstfrei werden, indem wir darauf vertrauen,
dass uns die höchste Macht zu unserem Besten lenkt
Wir kamen aus der Liebe und wir sind Liebe
Daher sollten wir vertrauen, dass sie all unsere Ängste zurückdrängt

Mit Angst hat noch nie jemand etwas geschafft oder gemeistert
Aber mit der Kraft des Vertrauens und der Liebe,
haben wir uns und andere schon sehr oft begeistert

Haben wir vertrauen in uns, das Universum, Gott und seine Engel,
die uns beschützen und begleiten
Alles ist gut - genau so, wie es ist
Und irgendwann erkennen wir
auch die Sinnhaftigkeit hinter all den „schlechten" Zeiten

Vollkommenheit, Licht und Liebe

Ich bin nicht mein Zweifel
und auch nicht mein Zorn
Ich hab mich nur im Schleier
der Angst verworrn!

Ich bin nicht meine Engstirnigkeit
und auch nicht mein Frust
Bin nicht meine Kleinkariertheit,
sondern ab heute bewusst!

Ich erinner mich an das Wesen,
das ich war und auch heute wirklich bin
Und zwar absolute Vollkommenheit, Licht und Liebe
- für immer verankert - ganz fest in mir drin!

Neuausrichtung

Lassen wir uns nicht mehr
von zu viel Druck und Vergleichen bestimmen
Beginnen wir uns stattdessen,
auf das Losgelöste in unserem Herzen zu besinnen

Lassen wir uns nicht mehr
zu stark von der Zukunft oder der Vergangenheit diktieren
Beginnen wir uns stattdessen,
wieder öfter im Wunder des Augenblicks zu verlieren

Lassen wir uns nicht mehr
von unseren Sorgen und Ängsten regieren
Beginnen wir stattdessen,
mit Vertrauen, Glauben und Liebe zu revolutionieren!

Intuition

Ent-wickel dich und blick hinter den Schleier deiner Kulisse
Folg deiner Intuition und verbann alte Wunden
und belastende Gewissensbisse

All Wahrheit und Leichtigkeit findest du mit deiner Intuition
Sie wandelt dein Leben in die wundervollste Dimension
Lass deine Seele und nicht deinen Verstand arbeiten
Lass dich vom Herzgefühl der Freude leiten

Leg deinen Verstand beiseite und lass das Fühlen gewähren
Du musst deine Gefühle nicht verstehen
und auch sonst niemandem erklären

Dein Gehirn will begreifen und erfassen
Es will Erklärungen nicht unterlassen
Doch genau das ist es, was hemmt und blockiert
Denn viel zu sehr sind wir auf unsere Rationalität fokussiert
Wir haben Angst zu verlieren, Angst vor ´ner Blamage
Angst vor den anderen und vor blödem Getratsche

VERGISS ES! Schalt dein Ego aus!
Sorge dich nicht und lass deine tiefsten Sehnsüchte raus!
Deine Herzensstimme spricht immer die Wahrheit
Sie ist deine Intuition, getränkt in Liebe und Klarheit!

Treibsand

Fühle, was du fühlst, kämpfe nicht dagegen an

Lasse dich treiben und schreite deiner Herzensstimme entlang

Befrei dich von deinen Kämpfen, die dich in Zerrissenheit führen

Vertraue darauf, neue Lebenspfade Gottes zu berühren

Lasse dich fallen und lass die Ruhe gewähren

Lass dich mit jedem Atemzug von deiner Liebe lehren

Klein schon ganz groß

Anmerkung: Für mich besteht der Sinn des Lebens darin, so gut es geht, ein Leben in Liebe und Freude zu leben. Dies geschieht v.a. dann, wenn wir uns von unseren Ängsten und inneren Widerständen lösen. Mein Sohn ist mir dabei eine große Stütze. Jeden Tag bewundere ich seine Leichtigkeit und Ausgeglichenheit, und ich versuche mir dies ganz oft von ihm (und auch anderen Kindern) abzuschauen. Ich meine, von Kindern können wir noch so viel mehr lernen als von Erwachsenen.

Um den Sinn des Lebens zu erkennen,
ist es hilfreich,
sich von seinen Ängsten und Widerständen zu trennen

Schau dir dazu die Kinder an,
unbekümmert und lebensfroh
ziehen sie die Liebe in ihren Bann

Auch können sie schnell vergeben und vergessen
Nicht mit den Großen,
sondern mit den Kleinen sollten wir uns messen!

Sie zweifeln nicht, sondern probieren`s einfach aus
Und ehe wir noch überlegen,
haben sie den Dreh schon raus

Sie lachen und tanzen und leben in den Tag,
entdecken tausend Wunder,
während ich mich schon mit morgen plag

Kinder sind voll mit Liebe und Leben
und sie lassen sich nicht stressen
Nicht mit den Großen,
sondern mit den Kleinen sollten wir uns messen!

Jesus: „Lasset die Kinder zu mir kommen;
hindert sie nicht daran!
Denn Menschen wie ihnen gehört das Himmelreich.“
Matthäus 19, 14

Bewusstsein / Achtsamkeit

Am Anfang des Buches schrieb ich, dass du in diesem Buch vielleicht kein neues Wissen erfahren wirst, weil du das meiste davon bereits einmal gehört oder gelesen hast. Ich würde mir jedoch wünschen, dass wir für vieles (wieder) bewusster und achtsamer werden.

Wie oft haben wir schon das „Vater unser" ausgesprochen? Aber nehmen wir die Worte bewusst in uns auf? Wir bitten „Unser tägliches Brot gib uns heute." Traurigerweise landen jährlich, allein in Deutschland, über 11 Millionen Tonnen Lebensmittel im Müll. Haben die Menschen, die Nahrung wegwerfen ein schlechtes Gewissen? Sind sie sich bewusst, wie gut es ihnen geht, während woanders Menschen, aufgrund von Hunger sterben?

Auch beten wir „Vergib uns unsere Schuld, wie auch wir vergeben unseren Schuldigern." Vergeben wir unseren Schuldigern, unseren Mitmenschen wirklich? Geben wir ihnen überhaupt die Chance dazu? Oder schimpfen wir überwiegend über sie? Erkennen wir, dass auch wir unsere Fehler haben? („Herr, erlöse uns von den Bösen.") Oder schauen wir vermehrt auf andere und lästern und schimpfen über sie, anstatt an uns selbst zu arbeiten?

Das mit dem „Vater unser" ist lediglich ein Beispiel. Ein Beispiel dafür, dass wir manches schon zigmal gehört oder zigmal ausgesprochen haben. Aber oftmals „leiern" wir etwas nur auswendig herunter, ohne dass wir es bewusst in uns aufnehmen und reflektieren - geschweige denn umsetzen.

Vielleicht bist du da anders! Aber ich denke, bei vielen Menschen ist es so, wie ich es eben geschrieben habe. Wir können noch so viel wissen oder bestimmte Dinge hundertmal aufsagen; besser wäre es jedoch, manchmal weniger zu sagen und dem Ganzen dafür mehr Achtsamkeit und Tiefe zu schenken, um schließlich daraufhin gewissenhaft zu handeln. Dann würden wir z.b. keine Lebensmittel wegwerfen, denn wir hätten das Bewusstsein und das Gewissen (in diesem Falle das schlechte Gewissen) dazu, es nicht zu tun. Oder ich würde nicht so viel über meine Mitmenschen lästern, denn ich würde erkennen, dass auch ich nicht fehlerfrei bin.

Das ist ja das Schöne bei Kindern, wenn sie immer *„Was genau ist das?"* oder *„Warum?"* fragen. Sie nehmen das Gesprochene genau auf; sie hören zu!, und dann wollen sie es verstehen. Zum Beispiel verwenden wir in unserem Sprachgebrauch gerne Abkürzungen. Kinder wollen meist wissen, was genau diese bedeuten. Wir hingegen haben sie schon hunderte Male gehört und leiern die Wörter herunter: PIN, APP, USB, CD, DVD, PC, BH, GPS, PS (sowohl beim Auto als am Briefende), etc., ...
Es geht mir jetzt gar nicht darum, dass wir wissen müssen, was genau diese Abkürzungen heißen. Andere Dinge haben auch einen Namen und wir wissen, was damit gemeint ist. Aber es geht darum zu **merken**, dass wir oft Worte sagen und sagen und sagen; und wir uns dessen gar **nicht bewusst sind**, was sie wirklich bedeuten, weil man sie einfach schon immer so sagt.

„Mama, wird der Serviettenknödel aus Servietten gemacht?" 😊

Wie gelange ich zu mehr Achtsamkeit - zu mehr Bewusstsein?

Achtsamkeit und BewusstSEIN erlangen wir, wenn wir im gegenwärtigen Augenblick sind. Wir sind präsent; innerlich ruhig und nicht zerstreut mit unseren Gedanken woanders. Wir sind - wie das Wort so schön beschreibt - bewusst im SEIN!

Vielen Menschen hilft hierzu die Meditation. Für viele Menschen ist Meditation eine Quelle großen Friedens, des Verstehen Lernens und der Achtsamkeit. Bei der Meditation geschieht nichts anderes, als dass der Moment intensiv wahrgenommen wird. Gedanken werden beiseitegeschoben und man ist vollkommen im Hier und Jetzt. Wir sind achtsamer und bewusster, frei vom Ego und erfüllt vom Augenblick. Meditation sollten wir daher nicht nur in der Meditation selbst ausleben, sondern auch hauptsächlich in unseren Alltag integrieren.

Meditation im Alltag

Über all die Jahre hinweg haben wir uns Stress und Hektik antrainiert und (fast) alle tragen wir die Sehnsucht nach mehr Ruhe in uns. In unserem Alltag können wir bei alltäglichen Situationen meditativ sein. Zum Beispiel, indem wir aufmerksam zuhören. Indem wir bewusst auf unsere Atmung achten. Indem wir beim Treppensteigen genau unsere Schritte wahrnehmen. Oder indem wir beim Duschen oder Händewaschen auf den Geruch der Seife achten, oder auf das Gefühl des Wassers auf der Haut. Durch Meditation oder meditative Alltäglichkeiten können wir uns wieder mehr Achtsamkeit und Hingabe antrainieren, und dadurch bedingt, vor allem wieder viel mehr Freude wahrnehmen. Meditation heißt im Jetzt zu SEIN. Dies können wir jederzeit auf unseren Alltag übertragen.

Wenn wir anstatt der Vergangenheit oder der Zukunft den gegenwärtigen Augenblick in den Mittelpunkt unseres Lebens stellen, dann erlangen wir Freude an dem, was wir tun. Und das wiederum heißt, dass unsere Lebensqualität gravierend zunimmt! Wir brauchen nicht abzuwarten, dass etwas „Besonderes" oder „Sinnvolles" in unserem Leben geschieht, um Freude zu erlangen. Wir können es jederzeit! Das Warten darauf, dass „das Leben endlich anfängt", ist ein sehr verbreitetes Syndrom und eines der am meisten, durch Unbewusstheit hervorgerufenen Wahnvorstellungen.

Wir können jederzeit Freude empfinden, wenn wir voll und ganz präsent sind. Probiere es doch einmal aus, auch bei alltäglichen Routineaktivitäten, die du nervig, langweilig, stressig oder ermüdend findest, mehr Präsenz einfließen zu lassen. Zum Beispiel beim Wäscheaufhängen, Kochen, Einkaufen, Staubsaugen, Staubwischen, o.ä. Sei absolut präsent, bei dem was du tust, und nehme die wache, lebendige Ruhe wahr, die sich im Hintergrund deines Tuns ausweitet. Schnell wirst du feststellen, dass alles, was du im Zustand eines erhöhten Bewusstseins tust, vielmehr zu deiner Freude wird, anstatt, dass es dich stresst oder nervt. Genau genommen ist es nicht die Tätigkeit selbst, die dir Freude bereitet, sondern das wie. Nämlich, die innere Dimension der Bewusstheit, die sich in deinem Tun erstreckt.

Wenn du dein Leben als langweilig oder mühselig empfindest, dann liegt es möglicherweise daran, dass du genau diese Dimension noch nicht in dein Leben gebracht hast. Vielmehr gleicht dein Leben einem Abarbeiten und Abmühen, anstatt einem Genuss. Versuche, Stück für Stück, mehr Bewusstheit - mehr Achtsamkeit/mehr Hier und Jetzt

- in die Dinge deines Lebens zu bringen. Probiere es doch mal aus. Die Freude am Sein, ist die Freude daran, bewusst zu sein! Genau das ist es, was auch bei der Meditation passiert. Meditation können wir also zu jederzeit in unseren Alltag integrieren. Sei es beim Zuhören, Musizieren, Spazieren, Duschen und allen anderen Dingen, die wir tun. Nicht zu vergessen, auch bei den Dingen, die wir nicht so gerne tun, wie z.B. vielleicht Wäschemachen, Kochen, Putzen oder Staubsaugen.

Gedankenlos

Kann ich etwas wahrnehmen, ohne zu denken?
Kann ich etwas annehmen und anschauen,
ohne, dass Gedanken mich lenken?
Ist es nicht dieses ständige Benennen und Bewerten,
welches meinem Ego seinen Platz beschert?
Ist es nicht dieses kontinuierliche Gedankenrasen,
welches rastlos und ruhelos in mir wiederkehrt?
Kann ich nicht „einfach" einmal etwas sein lassen
- so wie es ist?
„Einfach" nur annehmen,
ohne dass sich ein Gedankenfetzen in mich frisst?
Keinerlei Beurteilung mit gut oder schlecht
Nur stille im Kopf
- mit null Gedanken und null Wortgefecht!

Kraft des Augenblicks

In den gegenwärtigen Augenblick zu gelangen
oder gedankenlos zu werden,
ist im Grunde genau das Gleiche
Gelingt mir eines davon,
dann spüre ich, wie ich ein stärkeres, inneres
Raumbewusstsein erreiche

Ich spüre,
hinter all meinen Gedankenfluten,
existiert eine unfassbar hohe Kraft
und ein tiefer, tiefer Frieden
Meine Ängste und Sorgen sind mir wie vertrieben
Ich lebe den Moment, ich gebe mich hin
und ich kann nur noch lieben

Fokus Atmung

Sich auf seine Atmung zu fokussieren,
bedeutet, seine Gedanken auszuradieren
Probier es aus und du wirst sehn
Keine Gedankenströme, die dir den Kopf verdrehn

Ich nehme meine Atemzüge wahr
Ich bin absolut präsent
Ich merke:
Ich kann mir nicht meines Atems bewusst sein
und zugleich darüber nachdenken,
welcher Gedanke sich in mir verrennt

Mach dein Ding

Ab und zu sagen Leute zu mir,
sie müssten mehr Sport treiben
Und ab und zu sagen Leute zu mir,
sie müssten öfter meditieren

Nein! Müssen tut man gar nichts;
es sei denn, du kannst dich tatsächlich damit identifizieren!

Nur weil andere was tun,
brauchst du es nicht als Pflicht!

Nur weil andere was sagen,
musst du es doch nicht!

Nur weil andere meinen,
ihre Wahrheit, sonst keine

Ist doch alles Quatsch!

Was DU wirklich willst,
spürst nur du alleine!

Tu, was DIR guttut und DIR gefällt
Authentisch, echt und unverstellt
Frei und lebendig - mach einfach dein Ding
Schlüpf aus deinem Kokon wie ein Schmetterling

Sei du selbst und lass dich nicht von anderen lenken,
denn in erster Linie, soll es DICH mit Freude beschenken!

Du kannst noch so viele Bücher lesen
und noch so viele Vorträge hören,
wie man ein perfektes, glückliches Leben lebt
Doch letztendlich solltest du immer dem Folgen,
was dein Herz dir sagt
und wonach DEINE Sehnsucht strebt

Was den ein oder anderen erfüllen mag,
muss dies nicht zwangsläufig bei dir
Wenn jemand zweimal am Tag meditieren möchte
- schön und gut -
aber vielleicht spielst du derzeit lieber ein bisschen Klavier
Oder vielleicht gehst du auch lieber raus in die Natur
Machst ´nen Spaziergang im Wald
oder flitzt mit deinem Rad auf der Überholspur

Tu, was DIR guttut und DIR gefällt
Authentisch, echt und unverstellt
Frei und lebendig - mach einfach dein Ding
Schlüpf aus deinem Kokon wie ein Schmetterling

Sei du selbst und lass dich nicht von anderen lenken,
denn in erster Linie, soll es DICH mit Freude beschenken!

Nächstenliebe

Vielleicht gibt es in deinem Leben einen Menschen, der auf irgendeine Art und Weise etwas gegen dich hat. Er mobbt dich, redet schlecht über dich oder kann dich nicht leiden. Im schlimmsten Falle hasst er dich. Bitte sei nicht traurig darüber; nehme es dir nicht zu Herzen.

Ich weiß, dass lässt sich immer so einfach sagen. Aber wenn jemand so etwas tut, dann sind es zumeist seine eigenen Komplexe, Ängste oder Mangelgefühle. Nicht du bist falsch oder das Problem, sondern dein Gegenüber.

Natürlich wäre es nun das Beste, eine Lösung zu finden, damit dir diese Person, das Leben nicht weiter vermiest. Doch leider ist eine Lösung des Problems nicht immer (gleich) möglich.
Sei dir dann folgender drei Dinge bewusst. Sie könnten dir weiterhelfen:

1. Wir alle sind Kinder unserer Verhältnisse, unserer Umgebung, unserer Erziehung, unserer Gewohnheiten und Erfahrungen. Sie machen uns zu dem, was wir sind. Wir wissen nicht, wie wir „drauf wären", wenn wir in der Haut unseres Gegenübers stecken würden. Und ganz klar: JA, es ist sch..ße, wenn sich unser Gegenüber wie ein Idiot verhält. Aber was sind seine Beweggründe, seine Ambitionen, für sein unsachgemäßes Verhalten? Hatte er eine schlechte Kindheit? Nagt in ihm ein Gefühl des Zukurzkommens? Wurde er nicht sonderlich beachtet? Wurde ihm zu wenig Aufmerksamkeit gewidmet?

Hatten die Eltern wenig Zeit? Waren die Eltern drogen- oder alkoholabhängig; oder anderweitig krank? Wurde er geschlagen, misshandelt, gemobbt? Was hat mein Gegenüber für innere Wunden? Wir wissen den Grund für sein verletzendes Verhalten zuallermeist nicht! Daher sollten wir auch nicht schimpfen oder urteilen - so schwer es uns auch fallen mag. Aber vielmehr sollten wir dankbar sein, dass *wir* nicht diese Eigenschaften aufweisen, die einen anderen Menschen herunterziehen und erniedrigen.

Wie sagte Jesus: *„Liebet eure Feinde; segnet, die euch fluchen; tut wohl denen, die euch hassen und bittet für die, die euch beleidigen und verfolgen."* Matthäus 5,44

Also, versuchen wir unserem Gegenüber/Feind mit Empathie entgegenzukommen. Beten wir für ihn, dass er die Liebe in seinem Herzen findet, sodass seine Wunden heilen können.

2. Wenn dich ein Mensch nicht leiden kann oder gar hasst, dann hilft dir vielleicht noch mein zweiter Punkt weiter. Folgendes:

Du ärgerst dich, weil irgendeine Nervensäge meint, seine schlechte Laune oder sonstigen negativen Gefühlswallungen an dir auszulassen. Er demütigt dich und meint dich „fertigmachen" zu müssen.

Achtung, aufgemerkt: Wenn du nun AUCH mit Hass und Wut reagierst, dann führt das nur dazu, dass du deinem Feind Macht über dich verleihst: Macht über deinen Appetit, Macht über dein Aussehen (Aufregung kostet dir graue Haare und ein faltiges, zerknittertes Gesicht) und ganz besonders, Macht über deine kostbare Lebenszeit! Unser Feind würde sich doch vor Freude in die Hände spucken, wenn er wüsste, dass er eine solche Macht über dich hat, weil er dich so ängstigen und quälen kann.

Dein Hass auf *ihn* verletzt ihn höchstwahrscheinlich nicht im Geringsten. Frage dich daher und mache dir bewusst: Ist es mir wert, dass durch meinen Hass auf jemanden, meine eigenen Tage und Nächte zur Hölle werden? Natürlich ist es nicht leicht seine Feinde zu lieben. Aber es wäre ein sehr guter Anfang, dass wir uns selbst lieben. Lieben wir uns selbst so sehr, sodass wir unserem Feind, keine Macht über unsere Gesundheit, unser Aussehen, unseren Schlaf und unser Glück verleihen.

3. Und dann ist da noch mein dritter Punkt, den du bedenken solltest: Vielen Menschen ist ihr verletzendes Verhalten überhaupt nicht bewusst.

Ihnen ist es nicht klar, dass sie dir durch ihr Benehmen oder ihren Umgangston weh tun. Dies kann unterschiedliche Gründe haben. Wie bereits bei Punkt eins erwähnt, können diese mit gewissen Verhältnissen, wie z.B. Erfahrungen oder Erziehung, zusammenhängen. Vielleicht galt es in der ein oder anderen Erziehung als „normal", dass häufig Schimpfwörter gefallen sind. In *deiner* Erziehung hingegen nicht! Und dadurch reagierst du wahrscheinlich viel sensibler darauf, wenn beleidigende Ausdrücke fallen. Du fühlst dich traurig und verletzt; dabei hat dein Gegenüber vielleicht gar nicht bemerkt, was er da eigentlich redet, und vielleicht hat er es auch gar nicht so heftig gemeint.

Ein weiterer Grund für unbewusstes, verletzendes Verhalten, kann das innere verletzte Kind sein, welches hin und wieder hochkommt. Ich gebe dir hierfür ein Beispiel: Stell dir vor, du bist mit drei weiteren Geschwistern groß geworden. Häufig musstet ihr euch immer alles teilen. Die Klamotten, das Fahrrad, das Spielzeug, die Süßigkeiten. In dir entwickelte sich ein Gefühl des Zukurzkommens. Oft hattest du das Gefühl, du musstest zurückstecken und alle anderen bekamen immer mehr wie du. Egal, ob dem so war oder nicht. Jedenfalls fühltest du es so. Jetzt bist du groß und es kann sein, dass dein innerer Schmerzpunkt (dein inneres verletztes Kind) - das Zukurzkommen - noch immer in dir vorhanden ist. Du bist dir dessen jedoch nicht bewusst.

Ganz empfindlich reagierst du manchmal, hinsichtlich dieser Thematik, auf die banalsten Dinge. Zum Beispiel war dein/e Partner/in beim Einkaufen und sollte dir deine Lieblingsschokolade mitbringen. Ohne es böse zu meinen, wurde diese jedoch vergessen. Du bist dir deines Schmerzkörpers nicht bewusst (und dein/e Partner/in vermutlich auch nicht) und sofort reagierst du hochemotional, indem du deine/n Partner/in mit unangenehmen Worten anfauchst. Und viel mehr geht es dabei gar nicht mehr um die vergessene Schokolade, sondern um deinen inneren wunden Punkt „ich muss zurückstecken; ich komme zu kurz".

Mit diesem dritten Punkt - Unbewusstheit des eigenen Verhaltens - möchte ich dir mitteilen, dass dir Menschen manchmal wehtun, aber sie selbst sind sich dessen überhaupt nicht bewusst.

Ich denke, beim Thema Mobbing verhält es sich ganz ähnlich. Sind sich die Menschen, die andere erniedrigen/mobben überhaupt bewusst, dass sie andere damit verletzten? Und steckt bei diesen „mobbenden Menschen" nicht auch immer mindestens ein innerer wunder Punkt dahinter? Eigener Frust oder eigene Mangelgefühle (und die letztendlich immer Angst sind!), die man am anderen auslassen möchte?! Mobbing hat nichts damit zu tun, dass DU falsch bist. NEIN!!! Dein Gegenüber hat Probleme mit sich selbst. Und er braucht eine andere Person, bei der er seinen Frust und seine Unzufriedenheit abladen kann. Frust, aufgrund zu hoher Erwartungen, die vielleicht aus dem Elternhaus gemacht werden und nur schwer oder nicht erfüllt werden können. Frust, weil man zu wenig Aufmerksamkeit erfahren hat. Frust, nicht gut genug zu sein.

Bestimmt fragst du dich jetzt, was hat das mit dir zu tun? Warum bist du die Person, die erniedrigt wird?
Möglicherweise triggerst du etwas in deinem Gegenüber. Vielleicht, weil du etwas hast, was er nicht hat, aber er selbst gerne hätte. Sei es dein Aussehen, deine Talente, deine Art wie du dein Leben meisterst. Oder einfach die Liebe und Zufriedenheit, die du ausstrahlst. Der dich mobbenden Person verleiht es ein Gefühl von Wichtigkeit, wenn sie dich kritisieren oder gegen dich treten kann. Es befriedigt ihre niederen Instinkte, jemand, der über ihnen steht, mit Schmutz zu bewerfen.

Mobbing hat meines Erachtens viel mit Frust, Neid und Unzufriedenheit zu tun. BEDINGT durch innere, wunde Punkte und einen Mangel an Selbstliebe.

Aber ist sich die dich mobbende Person all dessen bewusst???

Mit dem Verstand

kann der Mensch

niemals

verstanden werden!

Vergebung und Mitgefühl

So, wie ich mit meinem Gegenüber umgehe,
so behandle ich mich auch
Alles, was mich an ihm stört,
triggert das in mir,
wo ich selbst noch ganz viel Liebe brauch

Menschen, die mich wütend machen,
sind meine besten Lehrer
Ich kann mich wahnsinnig über sie aufregen,
z.B. über all die Ungerechtigkeiten und Gemeinheiten derer
Oder:
Ich kann die Unschuld in ihnen sehen
- vergessen und vergeben
Auch wenn ich meine recht zu haben
Aber was will ich lieber,
recht haben oder glücklich leben?!

Meinem Gegenüber zu vergeben,
heißt v.a. mir selbst zu vergeben
Er ist der Schlüssel
für ein friedvolles Eigen- und Zusammenleben

Vergebung ist die Entscheidung,
die Menschen zu sehen, so wie sie im Jetzt sind
Eine Hetze auf unsere Mitmenschen, ist hingegen eine Erinnerung
an die Vergangenheit voller Schuld
- sie macht uns für das Wesentliche im anderen blind

Wenn wir mit dem Finger auf jemanden deuten
und ihm seine Fehler aufzeigen,
dann werden die Wenigsten ihr Verhalten einsehen
und zu einer Veränderung neigen

Wenn wir jedoch mit Vergebung
und Mitgefühl aufeinander zugehen,
dann werden mit einer viel höheren Wahrscheinlichkeit
heilsame Impulse geschehen

Die meisten von uns wissen auf irgendeiner Ebene,
dass sie sich manchmal nicht korrekt verhalten
Und im Nachhinein hätten sie es anders gemacht,
wenn sie gewusst hätten wie
Aus diesem Grund benötigt es in solchen Situationen
keine Hetze oder Attacke,
sondern den hilfreichen Weg,
der Vergebung und der Empathie!

**So, wie ihr von den Menschen behandelt werden möchtet,
so behandelt sie auch. Das ist - kurz zusammengefasst - der Inhalt,
der ganzen Heiligen Schrift.**
Matthäus 7, 12

Öffne dein Herz

Schmerz entspringt nicht der Liebe,
die uns andere verweigern,
sondern der Liebe,
die wir anderen verweigern!

Frieden entsteht nicht durch äußere Umstände.
Frieden entspringt der Vergebung in uns drinnen!

Denke daran: Du kannst niemanden ändern - außer dich selbst!

Leben und leben lassen

Leben und leben lassen,
das ist doch die Devise
Geb´s zu:
Du magst es doch auch nicht,
wenn ich mit Giftpfeilen auf dich schieße
Durch Spott und Hohn lässt sich niemand verändern
Wir lernen alle dazu - und manchmal erst aus Fehlern und ´ner Krise!

Voneinander lernen

Jedem Menschen, dem wir begegnen,
ist eine heilige Beziehung
Denn diese Beziehung zueinander,
lehrt uns entweder Angst und Frust,
oder aber Liebe und Vergebung!

Wenn wir einander Liebe zeigen,
dann lernen wir, dass wir liebenswert sind
und wir lernen auch, noch tiefer zu lieben

Wenn wir hingegen Angst,
Frust oder Negativität vermitteln,
dann lernen wir Selbstverdammung und uns selbst zu bekriegen

Unser Gegenüber ist wie ein Spiegel für uns
Er lehrt uns, das Licht zu sehen
oder aber im Dunklen zu traben
Letztendlich lernen wir immer das,
für das, was wir uns entschieden haben

Entscheiden wir uns,
eine Person zu lieben und zu segnen,
so werden wir uns selbst geliebt und gesegnet fühlen
Sprechen wir einer Person Kritik oder Schuld zu,
dann werden diese umso mehr in uns selbst wühlen

Kurz gesagt:
Im anderen können wir uns selbst finden,
oder aber auch verlieren!
Wir können in Negativität verfallen,
oder uns (bedingungslose) Liebe antrainieren!

Jedes unserer Beziehungen,
kann somit zu unserem Kreuziger
oder zu unserem Retter werden
Es liegt in unserer Hand:
Die Hölle - oder das Paradies auf Erden!

Alte Wunden

Anmerkung: Wenn du dich das nächste Mal über etwas aufregst und
ärgerst, dann achte mal darauf, ob es nicht vielleicht hauptsächlich eine
Angst *in dir* ist, die zum Vorschein kommt.

Wenn es darum geht Fehler zu finden,
dann ist das Ego besonders groß
Es sucht nach Fehlern in uns oder in anderen
und stellt dann schnell gerne bloß

Aber nicht unsere Fehler oder die der anderen
haben ihren inneren Ursprung darin,
dass wir von der Liebe abweichen
Vielmehr sind es unsere Wunden,
die wieder hochkommen und unser Ego erreichen

Negative Glaubensmuster; das innere verletzte Kind; Schmerzkörper
- wie auch immer wir es bezeichnen wollen
Ja, es sind die Wunden in uns - und nicht die Fehler! -
die uns in Wirklichkeit schmerzhaft überrollen:

„Ich bin nicht gut genug!" „Die anderen sind besser!"
„Niemand mag mich!"
„Ich komme zu kurz!" „Ich kann das nicht!"
„Und wieso und überhaupt immer ich!"

Genau das ist das eigentliche Problem
Wir selbst und unsere alten Wunden

Unsere Ängste und unsere Komplexe,
mit denen wir uns selbstverletzend aus der Vergangenheit schunden

Auf irgendeine Weise fühlt sich unser Ego angegriffen und verletzt
Daraufhin plustert es sich auf
und kommt mit selbstsabotierenden Gedanken,
die es dann gegen uns hetzt
Es präsentiert uns die absurdesten und hinterhältigsten Argumente
Doch das allermeiste ist schon längst wieder Vergangenheit,
nur Spekulation oder (selbst)zerstörendes Gekränke

Nein, es sind nicht die Fehler in uns oder in anderen,
die uns wütend machen und die wir kritisieren
Vielmehr sind es unsere alten Wunden und Ängste,
die wieder hochkommen und mit denen wir uns identifizieren

Wenn ein Schmerz in uns hochkommt,

so können wir diesen beobachten und reflektieren

Dann sollten wir uns bewusst machen,

dass wir immer im Jetzt leben - aber niemals in der Vergangenheit

Nur im Jetzt können wir verändern

und all unsere Wunden in die Liebe transformieren

Das Ego lebt entweder in der Zukunft oder in der Vergangenheit
Es ist unbewusst, oft aufbrausend und verurteilend
Die Liebe hingegen ist zu einem Leben im Jetzt bereit
Dadurch handelt sie bewusst, vergebend und heilend!

Wachstum

Persönliches Wachstum bedeutet nicht immer ein leichtes Leben
Denn wir müssen unsere eigenen Komplexe erkennen,
ehe wir bereit sind, sie hinter uns zu lassen und endlich aufzugeben

Und häufig erscheint es uns dann,
dass unser Leben erst einmal schlechter,
anstatt besser wird, wenn wir beginnen, tiefer an uns zu arbeiten
Doch unser Leben wird nicht wirklich schlechter
- wir nehmen nur unsere Verfehlungen intensiver wahr,
denn wir lassen uns nicht mehr narkotisiert
von unserem Unterbewusstsein leiten

Wir erwachen zu uns selbst und wir fangen an,
die Wahrheit über die Spiele, die wir spielen zu begreifen
Dieser Aufwachprozess kann sehr schmerzhaft sein,
sodass wir wieder rückwärtsgehen wollen
und nochmals versuchen zu kneifen

Der Weg des Erwachens und des Wachstums,
ist kein Spaziergang auf leichten Pfaden
Wir müssen unserem Ego direkt ins Auge blicken,
bevor wir die Kraft und den Mut haben, es von uns zu laden

Es ist unsere Mission,
von der Unvollkommenheit in die Vollkommenheit zu gelangen
Eine Vollkommenheit,
die wir tief in unserem Inneren schon immer waren

und auch immer noch sind
Wenn wir erkennen, dass wir die Kraft in unserem Herzen sind
- und nicht unser Ego,
dann können wir ganz viel Liebe geben
und auch tausendfach zurückempfangen

Das Ziel persönlichen Wachstums, ist die Reise aus der Dunkelheit;

weg **von schmerzvollen, emotionalen Mustern,**

hin **zu jenen, die uns Frieden bringen und Leichtigkeit!**

Im Wall der Neurosen

Heutzutage sind wir oft damit beschäftigt
unsere Neurosen zu zerpflücken und zu analysieren
Doch anstatt sie endlich loszulassen
und aus unserem Innersten zu katapultieren,
beginnen wir,
uns als das arme kleine Opferlamm zu sehen
Wir rechtfertigen uns für unsere Wunden
und hoffen auf Mitleid für unser Geschehen

Aber ist es letztlich nicht egal,
was uns schmerzt und wütend macht?
Ist das Wichtigste, nicht der Entschluss für Heilung?!
Die Entscheidung zu verändern und vergangenes loszulassen,
damit wir frei werden können und unser Herz wieder lacht?!

Gestern - morgen - HEUTE!

Es kann ein gutes, wohliges Gefühl in uns auslösen, wenn wir uns an Ereignisse aus der Vergangenheit erinnern. Auch können wir aus Fehlern der Vergangenheit lernen. Ebenso können wir uns Gedanken über die Zukunft machen; sie ein Stück weit planen, erträumen und Ziele haben. Das ist wichtig! Aber wir sollten uns nie zu sehr in der Vergangenheit oder der Zukunft verlieren.

Was aus unserer Vergangenheit noch wichtig für uns ist, das wird sich im Jetzt zeigen. Und wenn wir von unserer Zukunft träumen, dann bereiten wir uns am allerbesten mit der Freude, Intelligenz und Leidenschaft von heute darauf vor. Stück für Stück, in jedem Augenblick. Denn die Zukunft ist heute!

Wie sagte einmal der bekannte Historiker Thomas Carlyle... und diese Worte haben auch dazu beigetragen, dass viele Menschen ein schöneres und sorgenfreieres Leben führen: *„Unsere Hauptaufgabe ist nicht zu sehen, was in vager Ferne liegt, sondern nur das zu tun, was das Nächstliegende ist."*

Ich habe es in einem Gedicht (es stammt aus meinem ersten Gedichtebuch) einmal so zusammengefasst:

Ich habe Träume, Pläne Ziele

Eine ungefähre Ahnung, wohin meine Reise führt

Doch das Wichtigste, was für mich zählt,

ist der Schritt, der mein Tun im Augenblick berührt

Das Einzige, was wir ganz sicher besitzen, ist das Heute. Das Hier und Jetzt! Das Leben will gelebt werden, in jedem Augenblick des Tages!

„Wie seltsam er doch ist, der Lauf unseres kleinen Lebens", schrieb einmal der kanadische Schriftsteller Stephen Leacock. „Das kleine Kind sagt: > Wenn ich ein großer Junge bin. < Aber was heißt das? Der große Junge sagt: > Wenn ich erwachsen bin. < Und dann, wenn er erwachsen ist, sagt er: > Wenn ich verheiratet bin! < Doch was ist schließlich an einer Ehe schon viel dran? Seine Gedanken ändern sich, er sagt: > Wenn ich nicht mehr arbeiten muss. < Und dann, wenn er alt geworden ist und diese Zeit gekommen ist, blickt er zurück über das Land, das er durchwandert hat. Ein kalter Wind scheint darüber hinwegzuwehen. Irgendwie hat er alles verpasst, und nun ist es vorbei. Das Leben, erkennen wir zu spät, muss gelebt werden, in jedem Augenblick des Tages und der Stunde."

Guten Morgen heute

Der Tag bricht an und ich freue mich
Guten Morgen, lieber Tag, ich begrüße dich
Die Träume des Gestern liegen hinter mir
und das Denken an Morgen,
sind auch nur Träumereien, die ich fantasier
Darum ein Hoch auf das Heute, mit seinen Geschenken
HEUTE wird gelebt, ohne ständig an Gestern und Morgen zu denken

HEUTE wird getanzt, gelacht und gelebt
- und egal was kommt -
HEUTE wird kraftvoll durch den Tag geschwebt

Ich danke dir Gott,
für diesen Tag, den du mir gibst
Ich vertraue auf das Heute,
weil ich weiß, dass du das Beste für mich willst
und mich unendlich liebst!

Lebe heute, hier und jetzt!

Bringt doch nix in der Vergangenheit zu leben
Kannst sie nicht mehr herholen,
darum fang an im Jetzt zu schweben
Alles ist hier und alles ist jetzt
Hat dich die Vergangenheit auch zutiefst verletzt
Doch sie ist passé, schluss, aus und vorbei
Nur das Hier und Heute verzeiht
und macht dich wirklich frei

Verlier dich auch nicht in Zukunftsgeschichten
In viel zu viel Ungereimtheiten,
die sich in dir zusammendichten
Die Zukunft wird immer im Jetzt kreiert,
im Nächstliegenden und nicht in dem,
was in vager Ferne passiert
Nehm jeden Tag wie ein neues Leben,
in dem du - Stück für Stück -
kannst dein Bestes geben

Merke dir: Glücklich ist nur der Mensch allein,
wenn er ohne Gestern und Morgen, im Heute kann sein!

Gedankentrübsal?

Tausend Gedanken kommen und gehn
Doch vor aufgebrachtem Trubel,
kann ich keine Lösung sehn

Aufbrausende, überkochende Emotionen
senden mir mögliche, gedankliche Situationen
All dies und jenes *könnte* passieren
und ich fang an, meine Hirngespinste laut zu zitieren

Gedankenfluten prasseln auf mich ein
Bin getrieben, von zu viel schattigem Schein

Mögliche Szenarien mal ich mir aus
Panisch und planlos schreits aus mir heraus
Das Chaos hat sich eingenistet,
denn mein Ego hat mein Herz mal wieder überlistet

Ich vergesse den Augenblick mit seinem Frieden
Rastlos bin ich von meinem Verstand getrieben
Ich vergesse die Ruhe mit ihrer Antwort
Ich schrei im Verstand nach los und sofort
Ich vergesse die Liebe mit ihrem Wissen,
stattdessen jag ich im Ego und fühl mich zerrissen

Anmerkung: Die besten Antworten erhalten wir oftmals nicht über das Gegrübel unseres Verstandes, sondern über die Ruhe und Intuition unseres Herzens.

Jenseits des Denkens

Nicht nach der Wahrheit zu suchen,

offenbart dir zugleich deine Wahrheit

Egolos wird jegliche Illusion vertrieben

und eine höhere Intelligenz erstreckt sich weit

Hör auf mit deinen Sorgen und deinem Gegrübel

Verleih der Liebe in dir Ausdruck

Glaub an dich und deine dich tragenden Flügel

Rückkehr zur Liebe

Wo ist all die Leichtigkeit hin, die wir einst als Kind hatten?
Wo ist all der Mut hin,
mit dem großen Sprung über unseren dunklen Schatten?

Als wir klein waren, ging alles federleicht,
unbekümmert und grenzenlos
Zwar waren wir klein,
aber wir fühlten uns dennoch unendlich stark und groß
Wir hatten eine blühende Einbildungskraft
und malten uns die kreativsten Geschichten
Außerdem hatten wir eine natürliche Neigung,
unsere Aufmerksamkeit auf die Liebe zu richten

Wir waren verbunden mit einer Welt voller Wunder und Zauber
Aber im Laufe der Jahre verblassten unsere Farben
und in uns wurd's immer grauer

Warum erreichte uns ein bestimmtes Alter
und nahm uns jenen Zauber?
Warum verflog unsere Leichtigkeit
und warum wurde die Schwere in uns lauter?

Ich glaub, es geschah, weil uns beigebracht wurde,
unsere Aufmerksamkeit auf andere Dinge zu lenken
Weniger auf unsere Intuition zu hören und unnatürlich zu denken
Uns wurde gelehrt, negative Gedanken zu produzieren:
Kampf, Krankheit, Schuld, Verlust, Tod und ständiges Konkurrieren

Andauernd drängen sich diese Dinge dazwischen
und fangen an, unser Leben zu dominieren

Uns wurde gelehrt, dass Titel, Diplome, Geld und Wohlverhalten
wichtiger als die Liebe sind
Ein ständiges Vergleichen und Konkurrieren
haben uns zum „Vorwärtskommen" getrimmt
So, wie man ist, scheint den meisten nicht gut genug
Mangelgefühle, Komplexe, Schönheitsoperationen
und sonstiger Selbstbetrug

Wir wurden gelehrt, die Welt zu sehen,
so wie sie andere sehen - oder gesehen haben
Aber das viele Denken der Welt,
hat die Freude und Liebe in uns eingegraben

IN und MIT der Liebe wurden wir geboren
Aber die Angst wurde uns erst gelehrt;
sie hat unser Herz - mehr oder weniger - eingefroren

Es ist an der Zeit,
dass wir unsere Ängste wieder verlernen
Dass wir das Wiederannehmen der Liebe
in unserem Herzen spüren und sie hinausstrahlen,
bis hoch zu den Sternen

Liebe ist unser Sinn auf Erden - sie ist unsere tiefste Wirklichkeit
Liebe ist eine essenzielle und existenzielle Tatsache,
sie ist unsere Freude und unsere Vollkommenheit

Oft suchen wir die Bedeutung im bedeutungslosen:
Geld, Auto, Haus - schön und gut - aber auf Dauer,
nicht die Erfüllung im Großen
Viel zu sehr überschätzen wir all die materiellen Dinge
und lassen uns von ihnen einnehmen
Und viel zu oft *unterschätzen* wir das, was wir in unserem Herzen
als wahr erkennen und wonach wir uns tatsächlich sehnen

Wie sagte schon der kleine Prinz: *„Nur mit dem Herzen sieht man gut;*
das Wesentliche ist für die Augen unsichtbar!"
Doch leider schieben wir unsere Gefühle gerne beiseite
und halten all das Physische, Oberflächliche, Materielle für wahr

Aber Liebe wird niemals mit den physischen Ohren gehört
und niemals mit den physischen Augen gesehen
Liebe ist das intuitive Wissen unseres Herzens
Liebe ist die Antwort auf ALLES - auf diesem Wege sollten wir gehen

Die Rückkehr zur Liebe, ist der wahre Beginn
Die Rückkehr zur Liebe, ist unsere Erfüllung, unser Lebenssinn
Die Rückkehr zur Liebe, macht uns zu der Person,
die man schon lange ist
Die Rückkehr zur Liebe, schenkt uns eine Freudensoase,
die uns tagtäglich wachküsst
Die Liebe, nimmt uns unsere Ängste und sie lehrt uns vertrauen
Sie malt wieder bunte Farben, über all die verblassten und grauen
Liebe bedeutet, Freiheit und Lebensmut
Liebe bedeutet, Verantwortung und die Erkenntnis,
was tut mir und meinen Mitmenschen gut!

So viel mehr

Wir sollten uns öfter daran erinnern,

dass wir nicht wirklich unser Körper sind;

sondern vielmehr die Liebe in uns,

die unseren wahren Wert bestimmt!

Wir sollten uns öfter daran erinnern,

dass wir so viel mehr sind;

SO VIEL MEHR als wir denken

Viel öfter sollten wir wieder an uns glauben

und uns und andere mit einem Lächeln beschenken!

Sehnsucht

Ganz egal, wo du herkommst

Ganz egal, woran du glaubst

Ganz egal, welchen Weg du gehst

Egal, was du tust und was du dich traust

Letztendlich trägt ein jeder Mensch,

die tiefe, stille Sehnsucht in sich, glücklich und vereint zu sein

Liebe zu leben, Liebe zu spüren,

sich selbst zu lieben und sich von all seinen Ängsten zu befrein!

Trau dich und entfach deine Leidenschaft!

Viel zu oft vergleichen wir uns mit anderen
und dann fühlen wir uns klein
Viel zu oft würden wir gerne etwas wagen,
aber dann werden wir panisch und lassen´s doch wieder sein

Wir mauern uns ein, mit einer Angst, nicht gut genug zu sein
Wir haben schiss, wir seien kein attraktiver Augenschein
Wir haben Angst, dass man uns nicht mag
und viel zu oft das Gefühl: „Ach, ich glaub, dass ich da total versag!"
....

Meist kommen wir nicht damit klar, etwas zu tun,
dass wir auf Anhieb nicht gleich fabelhaft vollbringen
Wir haben schiss zu scheitern
und dass andere über uns lästern könnten,
wenn wir noch nicht meisterhaft aus vollster Kehle singen
Leider bleiben dadurch viele Talente eingesperrt;
Träume nur in Gedanken eingewebt
Und kurz vor unserem Tod stellen wir fest:
„Mensch, hätte ich doch mehr gewagt und mehr gelebt!"
....

Wie wollen wir je in etwas großartig werden,
wenn wir erst gar nicht damit anfangen?
Wie wollen wir unsere Talente entfachen,
wenn wir unter selbstauferlegtem Druck
- bereits von Anfang an - das perfekte Resultat verlangen?

Noch kein Meister ist vom Himmel gefallen;
jeder fängt mal klein an
Das ist nicht nur ein dahergesagter Spruch,
sondern da ist wirklich wahres dran

....

Um in unsere Schaffenskraft zu kommen,
benötigen wir ein Wunder - und zwar das Wunder der Gegenwart
Losgelöst von dem, was war oder zukünftlich geschehen könnte
Freude und Hingabe, im Hier und Jetzt,
sie bilden unser Tun und unseren Start

Wir sollten nicht allzu viel grübeln
und uns stattdessen auf die Leidenschaft unseres Herzens besinnen
Mit keinerlei Vorurteilen und Erwartungen,
sondern einfach nur mit dem wohligen,
herzerwärmenden Gefühl in uns drinnen

**Wir sollten unser auf Angst gegründetes Denksystem aufgeben
und stattdessen ein auf Liebe basierendes Leben,
voller Vertrauen und Freude zur obersten Priorität erheben!**

Große Klasse, spitzenmäßig und sehr gut!

Den wenigsten von uns wurde beigebracht,
dass wir von Grund auf gut sind
Sätze wie *„Wenn du gute Noten oder einen guten Job hast ... "*
haben unser Leben bestimmt

Uns wurde gelehrt,
erst wenn man etwas gut kann oder schafft,
kann man in dieser Welt bestehen
Erst mit Erfolg, Leistung und guten Abschlüssen,
wird sich all das Wohl zu unseren Gunsten drehen

Die Wenigsten von uns haben je ein Gefühl dafür entwickelt,
bedingungslos akzeptiert zu werden, „einfach" nur, weil sie sind!
Vielmehr wurde uns gelehrt zu konkurrieren,
- auf ein höher, besser, weiter wurden wir getrimmt!

Ja, so wurde und wird vielen immer noch gelehrt
Erst, wenn wir gute Leistungen vollbringen,
dann sind wir auch mehr wert

Aber jeder Mensch und jedes Wesen ist gleich kostbar
und gleich wertvoll
Wenn das alle Menschen wüssten,
dann gäb´s viel weniger Zweifel, Neid, Angst und Groll
Es gibt kein besser oder schlechter - ganz egal, was man tut
Du warst schon immer große Klasse, spitzenmäßig und sehr gut!

Wenn dir deine Titel und Diplome Freude bringen,
dann ist das wunderbar und gut
Aber ich hoffe, du tust es in erster Linie für dich
Alleinig gewollt aus deinem Herzblut
Ich hoffe, du tust es, weil es DIR gefällt,
weil DU es von Herzen willst
und nicht, weil du damit die Wunschvorstellung anderer erfüllst

Es ist DEIN Leben,
DEINE Verantwortung und DEINE Lebensfreude
DIR soll es gut gehen!
Und zwar nicht morgen oder übermorgen,
sondern schon HIER und HEUTE!

Das größte Geschenk für unser Kind: Es anerkennen!

In unserem Alltag übernehmen wir verschiedene Rollen. Wir schlüpfen in die Rolle als Vater, als Mutter, als Ehefrau oder als Ehemann. All diese Rollen haben zurecht ihren Platz; sie erfüllen ihren Sinn und dafür dürfen sie auch gewürdigt werden. Sie gehören zur menschlichen Dimension, mit ihrem Menschsein an. Um ein erfülltes und zufriedenes Leben zu haben, wird das Menschsein allein jedoch niemals ausreichend sein.

Das Leben zu leben, besteht nicht in der Kontrolle, es in seiner Rolle zu meistern, sondern in der AUSGEWOGENHEIT von *Menschsein* und *Sein*. Das Menschsein allein wird nie zur Erfüllung führen; da mag man sich auch noch so sehr bemühen.

Unser Sein findet sich in der Präsenz der Gegenwärtigkeit. Es ist der stille, wachsame Augenblick. Das Sein ist formlos. Der Mensch hingegen ist Form. Unser Menschsein und unser Sein sind nie voneinander getrennt. Sie gehen ineinander über. Wir benötigen beides! Also, Form und formloses.

In der menschlichen Dimension sind wir unserem Kind meist überlegen. Wir sind größer, stärker, wissen mehr und können mehr tun. Wenn diese Dimension allerdings die Einzige ist, die wir kennen, dann fühlen wir uns unserem Kind überlegen - sei dies auch unbewusst. (Darüber hinaus geben wir unserem Kind - wahrscheinlich ebenso unbewusst - das Gefühl, dass es uns unterlegen ist.) Zwischen mir und meinem Kind herrscht somit keine Gleichheit. Unsere Beziehung wird nur von der Form geprägt; eine Form, in der wir einander nicht gleich sind. Man mag sein Kind zwar lieben, aber diese Liebe basiert nur auf menschlicher Ebene. D.h. sie ist konditioniert und besitzergreifend.

Nur jenseits der Form - im Sein - da sind wir gleich. Und nur, wenn wir die Dimension der Formlosigkeit in uns selbst finden; erst dann kann die Beziehung zueinander von wahrer Liebe durchdrungen werden. In der Präsenz, im zeitlosen Ich-bin, erkennt man sich im anderen, und dieses andere (in diesem Fall das Kind), fühlt sich geliebt; das heißt anerkannt. Wahrhaft anerkannt!

Manchmal sagen wir zu unserem Kind „Ich bin stolz auf dich!" Dieser Stolz setzt jedoch immer etwas voraus. Z.B. „Ich bin stolz auf dich, *weil* du eine gute Note mit nach Hause gebracht hast." „Ich bin stolz auf dich, *weil* du dir diese Wohnung und dieses Auto leisten kannst." „Ich bin stolz auf dich, *weil* du eine gute sportliche Leistung vollbracht hast."

Dieses Stolzsein ist immer mit einer Leistung, mit einer Voraussetzung, mit etwas Äußerem - also einer Form - verknüpft. Selbstverständlich können wir unserem Kind sagen „Ich bin stolz auf dich." Aber ist es nicht wichtiger ihm zu zeigen, dass man es liebhat; und zwar einfach so - SO, wie es ist. Ohne irgendeine Sache, die es erfüllt hat. Ohne Pflicht und ohne Erwartung! Die Freude am Kind, einfach nur, weil es ist, so wie es ist. Im Hier und Jetzt, im Augenblick, in seinem Da-sein und seiner tiefen, wärmenden Liebe.

Die Sehnsucht nach Liebe, die jedes Kind und jeder Mensch in sich trägt, ist das Verlangen nach Anerkennung - **aber nicht auf der Ebene der Form, sondern auf der Ebene des Seins!**

Formlose Aufmerksamkeit = wahrhafte Anerkennung

Es gibt viele Kinder, die insgeheim Wut und Frust gegenüber ihren Eltern hegen. Der Grund dafür liegt zumeist in einer unechten Beziehung zueinander. Das Kind wünscht sich nichts sehnsüchtiger, als dass die Eltern (komplett) als Menschen da sind, anstatt das diese nur ihre Rolle spielen - mögen sie diese noch so gewissenhaft ausführen. Vielleicht tun wir in allem das Richtige und Bestmögliche für unser Kind, aber das Bestmögliche genügt trotzdem nicht. So tut man, und tut und tut. Und unser Ego, welches nichts vom Sein weiß, glaubt, dass es irgendwann durch unser Tun erlöst wird. Das Ego denkt, wenn man genügend Taten zusammen hat, dann wird man an den Punkt gelangen, wo man sich ganz und heil fühlt. Dies ist aber nur eine Illusion unseres Egos, denn es wird nicht passieren. Solange unser Tun nicht im Sein verwurzelt ist, kann es keine Erfüllung geben. (Hierauf fußen vermutlich die allergrößten Probleme unserer Gesellschaft!)

Wie bringe ich *Sein* in die Beziehung zu meinem Kind? Wie komme ich weg, von meiner Rolle als Vater oder Mutter?

Ganz einfach! Der Zauber hierzu, heißt **Aufmerksamkeit.**

ALLERDINGS müssen wir hier zwischen zwei Arten der Aufmerksamkeit differenzieren. Die eine, die man *formorientierte* Aufmerksamkeit nennen könnte und die andere, die man als *formlose* Aufmerksamkeit bezeichnen könnte.

Die formorientierte Aufmerksamkeit steht immer mit Bewerten und Tun in Verbindung. „Kind, hast du deine Hausaufgaben gemacht?" „Hast du dir die Zähne geputzt?" „Komm bitte zum Essen!" „Achte darauf, dass du genügend trinkst!" „Räum bitte dein Zimmer auf!" „Komm bitte wieder um 18.00 Uhr nach Hause!" „Ich bin stolz auf dich, weil...!"

All dies sind Beispiele für formorientierte Aufmerksamkeit. Diese Ebene der Aufmerksamkeit ist gut, notwendig und wichtig. Ist sie aber alles, wovon die Beziehung zu unserem Kind lebt, dann wird die wichtigste Dimension, nämlich die *formlose* Aufmerksamkeit - das Sein, komplett vom Tun überlagert.

Wie erschaffe ich formlose Aufmerksamkeit?

Indem ich meinem Kind zuhöre, es anschaue, mit ihm lache, (vielleicht auch weine), es streichle, ihm bei dies und jenem helfe. Denn dadurch bin ich still, wach und da. Ich bin vollkommen präsent und wünsche mir nichts anderes als den Augenblick - SO wie er ist! Auf diese Weise erschaffen wir Raum - Raum, um zu sein. Und in dem Augenblick, in dem wir gegenwärtig sind, sind wir weder Vater noch Mutter. Wir sind die Wachsamkeit; die Stille; die Präsenz; die schaut, zuhört, streichelt oder auch spricht. Wir sind das Sein hinter dem Tun! Wir sind EINS mit unserem Kind und schenken ihm damit die größte Aufmerksamkeit; das größte und wertvollste Geschenk, das man ihm geben kann. Uns durchdringt das Licht innigster Liebe und Verbundenheit. ♥

Wunder des Augenblicks

Oftmals bedarf es nur einen einzigen, kleinen Moment,

indem sich uns die Wunder des Lebens zeigen

Nur ein einziger, kleiner Augenblick,

wo sich all unsere Wege zum Guten verzweigen

Schluss mit Gejammer und Vergleicherei

Anmerkung: Wer kennt es nicht, ab und zu in Selbstmitleid zu verfallen… Und oft vergleichen wir uns dann mit anderen. Aber nicht mit den Menschen, denen es „schlechter" geht als uns, sondern mit denjenigen, wo wir denken, dass diese scheinbar alles haben.

Oft wollen wir sein wie jemand anders
Sind mit uns selbst nicht zufrieden
Wir haben Komplexe und wir machen uns klein
Es fällt uns echt schwer, uns selbst zu lieben

„Die andern sind schöner und die andern sind reicher
- sie haben einfach mehr Glück!"
„Auch sind sie viel klüger und sie haben's echt leichter
- nur Gutes fällt auf sie zurück!"

„Die andern sind besser, was kann ich denn schon?
Die andern sind erfolgreicher
Ich hingegen bin keine Sensation!"

„Ja, die andern, sie haben's wirklich leichter
Auch nicht so hart war ihre Vergangenheit
Ich selbst hatte es dagegen furchtbar schwer
Noch bis heute prägt mich dieses Leid!"

„Den andern geht's ja sooo gut,
nur mir geht's wirklich schlecht
Klar, die andern haben schon auch Probleme,
aber die, die sind doch nicht wirklich echt!"

„Mir! Mir geht's tatsächlich richtig mies!
Kann das denn keiner sehn?
Ach, warum und überhaupt ist das Leben nur zu mir so fies?!"

....

Wir jammern meist über das, was wir nicht haben
Und wir meinen, *wir* haben die schlimmsten Wunden zu tragen
Wir spielen uns auf und machen uns wichtig
Nur unsere Probleme sind schlimm, die der anderen eher nichtig

Meist vergleichen wir uns mit Menschen,
denen es „besser" geht als uns selbst und die scheinbar alles haben
Viel weniger vergleichen wir uns mit Menschen,
denen es „schlechter" geht als uns, und die wirkliche Nöte plagen

Manchmal meinen wir, uns geht es besser,
wenn wir wie anderen wären
Aber ist das nicht nur ein Schein?
Wäre es nicht nur eine Verschiebung von anderen Aufgaben
und Problemen, die es dann gäbe zu klären?

Anerkennung

Schau nicht dauernd auf das,
was du nicht bekommst oder bekommen hast
Das macht auf Dauer nur zornig, unzufrieden und müde
KEIN Mensch auf der Welt bekommt alles
Also, sei bitte nicht so trübe!

Sei DANKBAR für all das,
was dir gegeben wurde und noch gegeben wird
So wird aus deinem Mangel, LIEBE und FÜLLE
Schenke dir selbst die Liebe und Anerkennung, die du brauchst
und suche sie nicht in ´ner äußeren Hülle!

Baue deine Existenz nicht auf Anerkennung auf,
sondern in der Liebe zu dir selbst
Alles, was du tust, tust du in erster Linie für dich
Darum sei du dein Anker und die Freude,
an der du zufrieden festhältst!

Das Eine weniger - das Andere mehr

Weniger Gier - mehr Dankbarkeit

Weniger Neid - mehr Zufriedenheit

Weniger Angst - mehr Mut

Weniger Verstand - mehr Herzblut

Weniger Strenge - mehr Clown

Weniger Kontrolle - mehr Gottvertraun

Weniger Anerkennung - mehr Selbstliebe

Weniger Hass - mehr Friede

Weniger Bewerten - mehr Akzeptanz

Weniger Trübsal - mehr Freudenglanz

Weniger Nachtragen - mehr Verzeihn

Weniger Werden wollen - mehr SEIN!

Freu dich an den Geschenken deines Lebens!

Und freu dich darüber, wie du bist! Einzigartig GENIAL!

Kein Mensch der Welt hat alles! Auch wenn es uns bei manchen Menschen so erscheinen mag. Aber auch alle Stars und Sternchen, die da draußen umherfunkeln und wo alles perfekt erscheinen mag; sie alle haben ihre Problemchen - genau wie du und ich.

Es ist eine riesige Tragödie unserer Menschheit, dass wir ganz oft nicht das sehen, was wir haben, sondern vielmehr das sehen, was wir *nicht* haben. Wahrlich, es ist eine regelrechte Krankheit, dieses „Mehr-Haben-Wollen". Besonders seit Zeiten von social Media werden wir berieselt durch allerlei Dinge, die in dem ein oder anderen schnell ein Gefühl der Eifersucht oder des Mangels hervorrufen. Via Instagram, Facebook, Tik-Tok, YouTube, etc. werden uns sekündlich die tollsten Klamotten, Styles, Autos, Erlebnisse, Essensgerichte, usw. präsentiert. Dies wiederum löst - besonders bei jungen Menschen - häufig ein Gefühl des Mangels, ein Gefühl des Ungenügens aus. *„Der ist ja cool! Viel cooler als ich!" „Ich kann nix besonderes!" „Ich sehe nicht gut genug aus!" „Ich habe keinen besonderen Job!" „Ich habe nicht so viel Geld!" „Ich fahre kein fettes Auto!"* ....

Es gibt eine Menge Menschen, die sich extrem durch social Media beeinflussen lassen und dadurch in Minderwertigkeitskomplexe verfallen. Aber nicht nur durch social Media, sondern auch auf anderer Ebene sind wir dazu geneigt, das zu sehen, was wir nicht haben. Neid und Vergleichereien sind eine Krankheit, an der unsere Gesellschaft minutiös erkrankt. Würden wir in einer Gesellschaft und in einem Land leben, wo man täglich um seine Nahrung oder das Überleben kämpfen müsste, dann würde man sich nicht mit Nebenschauplätzen beschäftigen, welch Klamotten man heute anzieht; welchen Post man auf Insta setzt oder wie man sich am schönsten schminkt.

Man wäre dankbar, wenn man eine tägliche Mahlzeit zu sich nehmen könnte; seine Kinder versorgen könnte; sowie ein Zuhause hätte, mit einem Dach über dem Kopf.

So, wie die Ansprüche in der Gesellschaft oder im direkteren Umfeld sind, so sind sie auch schnell bei uns angelangt. Würden wir in Afrika leben, könnten wir die meisten „Probleme" der Menschen hier überhaupt nicht begreifen. Das wären für uns dann lediglich lächerliche Banalitäten. Man wäre glücklich darüber, wenn man sich und seiner Familie die tägliche Nahrung sichern könnte und ein Zuhause hätte, worin man sicher hausen könnte.

Verabschieden wir uns von ständiger Nörgelei, dem Mehr-Haben-Wollen und dem Verfall ins Selbstmitleid. Für unsere Unzufriedenheit sollten wir uns gar schämen. Denn oft benehmen wir uns, als seien wir der einzige Mensch auf dieser Welt, der Sorgen und Probleme hat. Werden wir uns vielmehr darüber bewusst, wie gut es uns eigentlich geht und was wir alles haben: Unsere Familie; unsere Kinder; unsere Freunde, die uns lieben - so, wie wir sind. Gehen wir hinaus und zelebrieren das Leben, anstatt in Selbstmitleid unterzugehen.

Tun wir das Beste, was wir jeden einzelnen Tag tun können, anstatt Trübsal zu blasen. Kein Mensch der Welt hat alles! Darum lass uns an dem Erfreuen und über das Dankbar sein, was wir haben.

OK, man kann ja mal kurzfristig nörgeln, aber daraufhin wäre es gut, wenn wir hingegen für mindestens drei andere Dinge dankbar wären. Oft ist es umgekehrt: Wir jammern über drei Sachen, die wir nicht haben und sind vielleicht für eine Sache dankbar. Lass es uns doch genau umgekehrt herum machen. **3 zu 1 für die Dankbarkeit!**

Wir sollten beginnen, das Gute genauso klar zu sehen wie das weniger Gute. Wie wäre es, wenn wir die Zeit und Energie, die wir mit Sorgen und Unzufriedenheit füllen, dafür hernehmen, um unsere Probleme zu lösen oder um unseren Träumen und Zielen ein kleines Stück weit näher zu kommen?!

Werden wir uns bewusst, wie gut es uns geht und was wir alles haben. Und machen wir uns klar, dass in jeder Krise - in jedem Problem - auch eine riesen Chance stecken kann.

Schaut man sich den Werdegang erfolgreicher Menschen an, so kann man erkennen, dass vielen der Durchbruch gelang, weil sich ihnen am Anfang Hindernisse in den Weg stellten, die sie zu großem Eifer und großen Zielen anspornten. Und man muss erwähnen, dass besonders ihre Schwächen zu ihren Gehilfen wurden. Als Beispiel: Beethoven war taub und der Gedichteschreiber Milton blind. Es ist sehr wahrscheinlich, dass genau dadurch schönere Gedichte von Milton und schönere Musikkompositionen von Beethoven hervorgingen.

Das Leben zieht so schnell vorüber! Wir sollten es überwiegend in Freude leben, anstatt mit Gejammer und Frust zu verplempern. Was meinst du, was ist es, was (u.a.) vielen Menschen kurz vor ihrem Tode klar wird? Sie stellten fest: „Ach, hätte ich doch mehr gelebt! Mir weniger Sorgen gemacht. Hätte ich mehr auf das Leben vertraut, es angenommen und gefeiert, anstatt mit Zweifel, Neid und Selbstmitleid zu füllen."

So, wie wir es uns angewöhnt haben herumzunörgeln, so können wir es uns tagtäglich wieder antrainieren, all die Schönheiten, in und um uns wahrzunehmen. Es ist ein Drama der Menschheit, dass wir immer dazu neigen, an das zu denken, was wir nicht haben. Es lässt eine große Unzufriedenheit in uns erzeugen. Und vermutlich lässt diese Krankheit, namens *„Neid und Unzufriedenheit"*, mehr Menschen leiden und verkümmern als viele andere Krankheiten auf dieser Welt.

Neid, Vergleichereien und Unzufriedenheit vermitteln uns ein Gefühl, dass wir etwas verpassen. Wie oft haben wir das Gefühl, wir könnten etwas verpassen?

JA! Neid, Vergleichereien und Unzufriedenheit, sie alle vermitteln uns das Gefühl etwas zu verpassen! Und genau diese sind wiederum nichts anderes als Gedankensprünge und ein Beiseiteschieben des wundervollen Augenblicks, der eigentlich in jedem Moment des Lebens für uns da wäre.

UND wenn es uns schon nicht oft gelingt im Hier und Jetzt zu leben, dann wäre es wenigstens hilfreich, wenn wir positive Gedanken hegen und danach Leben: Gedanken der Freude und der Dankbarkeit. Denn es ist der Gedanke, der in uns das entsprechende Gefühl erzeugt. Und das Gefühl wiederum macht uns zu der Person, die wir sind - je nach Gedanken - glücklich oder unglücklich.

Das Leben will nicht verstanden werden, sondern es will gelebt werden!!! Vertrauen wir auf unseren Schöpfer, warum uns dies und jenes zustößt. Machen wir zu jeder Zeit das Beste daraus! Vertrauen wir auch darauf, dass uns unser Schöpfer perfekt ausgestattet hat und dass wir so, wie wir sind, genau richtig sind. Mit all unseren Stärken und Schwächen. Wir brauchen uns nicht mit anderen Menschen zu vergleichen. Seien wir dankbar darüber, wie einzigartig genial wir sind.

Nachdem sich unsere Eltern miteinander getroffen und vereinigt haben, bestand nur eine Chance von eins zu dreihunderttausend Milliarden, dass gerade *wir* geboren werden. Wir haben es geschafft! Wir sind wahre Champions und wir alle sind ganz einzigartig und ein wahrhaftes Wunder!

Imitieren wir keine anderen Personen! Das haben schon viele Menschen versucht und sie sind kläglich daran gescheitert. Stehen wir zu uns selbst! Nehmen wir uns an, so wie wir sind und machen wir das Beste aus unserer Version und unserer jeweiligen Lebenssituation. Nur so, wird uns das Leben wahre Freude schenken!

Was sind Vergleiche?

Vergleiche sind die beste Möglichkeit,

um sich sein eigenes Glück zu verderben

Vergleiche machen aus kleinen Splittern,

oftmals große Scherben

Vergleiche ignorieren all Talente in uns drin

Vergleiche führen uns niemals, zu unseren eigenen Stärken hin

Vergleiche machen uns traurig und sie engen uns ein

Vergleiche vermitteln das Gefühl, im Mangel zu sein

Vergleiche lähmen uns sie machen uns blind

Vergleiche lassen uns nicht sehen, wie wertvoll wir selber sind

Hör auf dich zu vergleichen!

Leg deine Vergleiche beiseite
Ist nur verschwendete Zeit
Tanze mit dem Leben
und spür deine Leichtigkeit

Spür dein Licht leuchten
Du bist die Sonne und Liebe
Du bist deine Sehnsucht
und dein innerer Friede

Vergleich dich nicht mit andern
Das macht dir vieles kaputt
Dadurch versteckst du deine Talente
in einen Haufen voll Schutt

Meinst du die andern sind besser?
Aber woran wird „besser" definiert?
Das ist doch alles relativ
und überhaupt sehr langweilig,
wenn man andere nur kopiert!

Gott hat dich perfekt gemacht
Ganz genau wie du bist
Mit allen deinen Merkmalen
- da ist nichts, was man vermisst

DU bist DU,
einzigartig genial
Du bist ein Wunder des Lebens
Du bist phänomenal

Tu das, was du liebst
Hör auf es zu bewerten
Nimm dir stattdessen,
die Freude zu deinem Weggefährten

Es geht nicht darum,
dass du etwas besonders gut kannst
Vielmehr geht´s um deine Hingabe
und dass dein Herz vor Freude tanzt

Es geht auch nicht darum,
was die anderen sagen
Es geht um das in dir drin
Darum hör auf, zu vergleichen und zu fragen

Das ICH

Ich und mein Erfolg
Ich und mein Misserfolg
Ich und meine Probleme
Ich und mein Gegrantel
und mein sorgenvolles Gegräme
Ich und mein Auto
Ich und mein Job
Ich und mein Haus, mein Stress
und mein ständiges auf und hopp-hopp
Ich und meine Geschichte
Ich und meine Zukunft
Ich und meine Vergangenheit
Mein ständiges flehn nach Verständnis
und nach mehr Aufmerksamkeit

....

Das ICH ist die größte Illusion des Menschen;
aber es führt uns auch hin, zu unserer tiefsten Wahrheit!

Wir verlieren uns in den Formen dieser Welt
Aber in uns drinnen - in all dem formlosen - da ist unser wahres Leben
Dort im stillen, inneren Raum, wenn der Schleier von uns fällt!

Wer bin ich (nicht)?!

Ich bin nicht mein Körper,
bin nicht mein Verstand
Ich bin nicht meine Persönlichkeit
- ich habe erkannt:

Ich *habe* einen Körper
und ich *habe* einen Verstand
Ich *habe* eine Persönlichkeit
- sie sind mein Gewand

Wer bin ich wirklich?
Viel mehr als ich zu denken wage!
Es ist nicht das Außen,
sondern das, was ich im Innern,
in meiner Seele trage

Ich bin bewusste Existenz,
reine Energie
Und ohne zu denken,
fühl ich diese Magie

Ständig auf der Suche

Irgendwie ständig auf der Suche
Auf der Suche nach ein bisschen mehr
Das kann doch nicht schon alles sein,
irgendwie fühl ich mich so leer
Ich such mehr Freude, mehr Liebe, mehr Leichtigkeit
Mehr Freiheit, mehr Geld und weniger Leid

Ständig auf der Suche
Auf der Suche nach mehr Lebenssinn
„Weise Menschen" in YouTube-Videos,
veranlassen mich zum Grübeln,
wer ich denn wirklich bin

Auch spirituelle Bücher und Seminare
All diese verfolgen in mir das Sonderbare

Und die ewige Suche, sie nimmt mich ein
Sie lässt mich grübeln, doch dadurch verpass ich mein Sein
Bin ständig am Suchen, kann das Jetzt nicht genießen
Denke, da muss doch noch mehr sein,
um wahre Freude zu vergießen

Die ewige Suche, sie ist das neue Bewerten
Doch diese ständige Suche,
sie raubt mir meinen besten Weggefährten
Das Hier und Jetzt, sie bleiben auf der Strecke
Stattdessen ein Gefühl des Mangels, das ich erwecke

Bin nicht eins mit dem Leben, bin nicht im Augenblick
Diese ständige Suche, sie raubt mir mein wahres Glück

Ständig auf der Suche und das Gefühl, was zu verpassen
Es kann doch nicht so schwer sein, mein Glück endlich zu fassen
Hab doch schon so viel gelernt, gemacht und gelesen
Warum nur, bin ich noch kein zufriedenes Wesen?!
Da muss es doch mehr geben, noch mehr als ich hab?
Doch mit dieser Frage, ich schon wieder das Wichtigste
- den Moment - vertag!

Loslassen, Gottvertrauen und im Augenblick leben

Sie lassen mich nicht mehr nach dem Suchen streben

Loslassen, Gottvertrauen und einmal mehr im Augenblick

Sie ebnen mir den Weg, zu meinem größten Glück

(Hin)nehmen - so wie es ist

Den Tag nehmen, so wie er kommt
Und ist es auch trüb am Horizont,
so lass ich gewähren
und will mich nicht beschweren

Ich nehme es an - so wie es ist
Habe vertrauen,
ist´s manchmal noch so trist

Ich bin nicht auf der Suche,
laufe nichts hinterher
Bin im Hier und Jetzt,
in meinem göttlichen Flair

Hab nicht das Gefühl, irgendwas zu verpassen
Versuch´ die Freude aus meinem Innern zu fassen

Will weniger tun, dafür mehr genießen
Will weniger wollen, dafür mehr Dankbarkeit vergießen

Will weniger suchen, dafür mehr sein
Ich lass es geschehen, mit dem Tanz des Lebens
- querfeldein!

Spür dein Licht leuchten

Spür den Zauber in dir

Du bist das, wonach du suchst

Du bist dein Lebenselixier

DANKBARKEIT

Oft neigen wir leichter dazu, über etwas zu jammern und etwas zu vermissen, anstatt über das dankbar zu sein, was wir haben. Vielmehr sehen wir all die Probleme, anstatt die Geschenke, die wir haben und die uns umgeben.

Mein Sohn ist ein begeisterter Sportler. Regelmäßig sind wir bei Triathlons und Laufveranstaltungen vertreten. Einmal hatte Toni einen Laufwettkampf, wo an diesem Tage nicht viel glücken wollte. Zuerst waren wir etwas spät dran und das Aufwärmen verlief hektisch. Am Start des Laufs war er, aufgrund einer hohen Anzahl an Läufern, wie „eingekeilt" und kam dadurch nur schwer nach vorne durch. Dort, wo der Start war, dachten wir, sei auch wieder das Ziel. Also lief Toni ins „Ziel" ein und trabte aus. ABER zu unserem Erstaunen befand sich das tatsächliche Ziel erst 100 Meter weiter hinten. Für einen Lauf, der nur über 1000 Meter verläuft, sind 100 m nicht viel, um noch eine Aufholjagd starten zu können. Im Gegenteil, mehr und mehr Läufer überholten Toni. Tja, das waren, wie man so schön sagt, „verschenkte Platzierungen."

Am Ende des Laufs waren mein Sohn und ich genervt, weil Dinge passiert sind, die nicht hätten passieren müssen - und zumal wir selbst schuld daran waren. Als wir bei einem anschließenden, weiteren Laufwettkampf zusahen, entdeckten wir im Läuferfeld zwei Teilnehmer. Mein Sohn und ich sahen sie an, und dann sahen wir uns an. Und ohne Worte war uns klar, dass es nicht Wert ist, sich über Kleinscheiß im Leben zu ärgern. Schnell vergaßen wir unsere Missstände, über die wir uns noch kurz zuvor genervt austauschten.

Was war?

Ein Vater schob seinen geistig-körperlich behinderten Sohn in einem Rollstuhl; und so nahmen beide freudig am Lauf teil.

Warum geht es einigen Menschen, denen es eigentlich nicht gut geht - sei es aufgrund von Krankheit, Behinderung, Verlust eines geliebten Menschen, o.ä. - trotzdem mental sehr gut? Weil sie durch einen Verlust oder einen tiefen Fall, wieder die „einfachen", schönen Dinge des Lebens wertschätzen. Und allen voran wieder mehr genießen!

Vielleicht gelingt es uns, für die Dinge, die uns „normal" und alltäglich erscheinen, wieder dankbarer zu werden. Zum Beispiel:

♥ unsere Arme, Beine, Augen, Ohren, ...
♥ unsere Kinder, unser/e Ehemann/Ehefrau
♥ unsere Freunde, die für uns da sind
♥ die Schönheit der Natur: das Zwitschern der Vögel; die Wolken; der Mond; die Sonne; die Sterne; die Bäume; ein Regenbogen; die Wunder jeder Jahreszeit
♥ das tägliche Essen (auch wenn's vielleicht mal nicht so schmeckt...)
♥ Kleidung, die wir uns aussuchen und kaufen können
♥ eine warme Dusche oder ein warmes Bad (überhaupt fließendes Wasser!)
♥ unser Zuhause, welches uns ein Dach über den Kopf verleiht, damit wir auch bei Wind und Wetter sicher, gemütlich und warm darin hausen und nächtigen können
♥ ....
♥ ....

Es gibt jede Menge Dinge, für die wir riesen Grund zur Freude und Dankbarkeit hätten. Allerdings fällt es uns leichter, ein ewiger Nörgler zu sein und die Dinge zu sehen, die wir nicht haben. Daher, wenn du magst, achte doch einmal ganz genau heute darauf, was du alles hast und wie gut es dir in vielerlei Hinsicht geht.

Ab und zu, wenn ich mit meinem Sohn, mit vollgepackten Taschen vom Lebensmitteleinkauf nach Hause komme, dann sage ich zu ihm: „Schau mal Toni, wie gut es uns geht. Wir können uns so viel gutes und leckeres Essen leisten! Ist das nicht wunderbar?!" Ich muss dann immer schmunzeln, wenn mein Sohn „Ja!" sagt und mit seinen Augen nochmals ganz genau alle eingekauften Dinge, langsam Stück für Stück, begutachtet. „Ja, Mama, das ist wirklich schön!"

Dankbarkeit beginnt bei dir!
Manchmal ärgern wir uns über die Undankbarkeit unserer Mitmenschen. Besonders dann, wenn wir ihnen einen kleinen Gefallen getan haben. Ich denke, es liegt schon sehr lange in unserer Gesellschaft verankert, dass wir eher dazu geneigt sind zu kritisieren und zu nörgeln, anstatt zu loben oder dankbar zu sein.

Weißt du, Jesus heilte an einem einzigen Tag zehn Menschen, die an Lepra erkrankt waren **(Lukas 17, 11-19)**. Was meinst du, wie viele sich von ihnen bei ihm bedankten? Ein Einziger! Nur ein Einziger, sagte „Danke, Jesus!" Ich will dir damit sagen, erwarten wir uns grundsätzlich nicht zu viel Dankbarkeit. Wenn wir uns auf Undankbarkeit gefasst machen, dann brauchen wir uns darüber auch nicht zu ärgern. Und sollte gelegentlich doch einmal Dank zurückkommen, so freuen wir uns darüber umso mehr. Im Großen und Ganzen sollte sowieso unsere Freude am Geben immer im Vordergrund stehen und unser Beweggrund sein.

Und sicherlich wäre es ein guter Anfang bei uns selbst und unserem Verhalten anzufangen: Werden wir selbst für vieles dankbarer! Vielleicht werden es andere dann auch! Veränderung beginnt immer bei einem selbst. Wir sollten nichts von anderen erwarten, was wir nicht selbst beherzigen. Denken wir dabei auch besonders an unsere Kinder. Kinder lernen am meisten durch Vorbildfunktion. Wollen wir dankbare Kinder, so wäre es hilfreich, Dankbarkeit - und v.a. Achtsamkeit - vorzuleben. (Denn bedenken wir: erst durch Achtsamkeit kann es zu wahrer, tiefer Dankbarkeit kommen!)

1 Prozent Drama

Anmerkung: Schneller und leichter wird über etwas oder jemanden geschimpft und kritisiert, anstatt zu loben und all das (überwiegend) Gute zu sehen.

Oftmals wird lieber gejammert und genörgelt,
anstatt das Gute gesehen
Sind 99 Prozent super, dann wird angefangen,
sich wegen einer einzigen, negativen Kleinigkeit im Kreise zu drehen

Und auf einmal ist es so, so als wäre diese eine Sache,
die ganzen 100 Prozent
Man blendet all die guten 99 Prozent aus,
weil man sich nur noch in diese eine Sache verrennt
Es wird daran festgehalten, aufgebauscht und dramatisiert
und traurigerweise wird all das Positive total ignoriert

Was sind unsere eigentlichen Probleme?
Macken und Komplexe?
Luxusprobleme?
Warum das Genörgel und das Gehetze?

dankbar

Jeden Tag hält das Leben

die wunderbarsten Dinge für mich bereit

Darum lass ich mich nicht ablenken

von destruktiven Gedanken, Genörgel und Leid

Voll Lebensfreude starte ich durch,

mit größter Zuversicht und Dankbarkeit!

Fokus

Lieber die Energie für Gutes verwenden,

anstatt sie mit Trübsal zu verschwenden

Lieber den Fokus auf das Schöne richten,

anstatt immer die gleichen, negativen Geschichten

Glücklichsein

Für mich bedeutet der Sinn des Lebens,
meiner Herzensstimme zu folgen und glücklich zu sein
Und wenn etwas in mein Leben eintritt, das mir nicht gefällt,
so lass ich die Dunkelheit kurz zu,
aber suche dann wieder nach Sonnenschein

Ich versuche zu vertrauen, dass alles,
was mir auf meinen Wegen widerfährt, immer zu meinem Wohle ist
Ich versuche, all das Gute im „Schlechten" zu sehen,
und lass es nicht zu, dass mich die Angst auffrisst

Jeder Tiefpunkt meines Lebens bietet mir die Chance,
um über mich hinauszuwachsen und stärker zu werden
Mehr und mehr lerne ich mich selbst kennen
und erfahre meinen Sinn auf Erden

Glücklich zu sein, bedeutet für mich,
dass zu tun, was ich liebe
Dass ich versuche meine Träume zu verwirklichen
- und ganz egal wie groß diese sind - aber, dass ich sie wage
und nicht dauernd verschiebe

Glücklich zu sein, bedeutet für mich,
nicht unbedingt etwas zu tun, das ich besonders gut kann
Aber dass ich etwas tue, das mir Freudensflügel verleiht
und wo ich spüre,
da kommt ganz viel Wärme und Liebe in meinem Herzen an

Glücklich zu sein, bedeutet für mich,
dass zu tun, was *ich* möchte und nicht, was mir andere sagen
Und ich versuche jeden Tag das Beste daraus zu machen,
auch wenn mir manches hängt schwer im Magen

Glücklich zu sein, heißt für mich,
in Dankbarkeit zu leben und wertzuschätzen, für alles, was ich habe
Und wenn mir etwas nicht gelingt oder ich nicht bekomme,
dann erinnere ich mich,
dass ich das Wichtigste bereits in mir drinnen trage

Glücklich zu sein, bedeutet für mich,
alte Wunden der Vergangenheit loszulassen
Meinen Mitmenschen und mir selbst, für längst vergangenes zu vergeben
und stattdessen die Wunder des Augenblicks zu erfassen
....

Für jeden von uns, mag der Sinn des Lebens etwas anderes sein
Für mich bedeutet er, so gut es geht, in Freude zu leben
und mich jeden Tag mehr von meinen Ängsten zu befrein

Der Schlüssel zum Glücklichsein, liegt meiner Meinung nach
in der Entscheidung, es einfach zu sein!

Es gibt eine Menge Menschen, die hätten alle Gründe dieser Welt,
um glücklich zu sein - aber sie sind es nicht!
Und es gibt eine Menge Menschen, die echte Probleme haben,
aber aus denen dennoch Dankbarkeit und Glückseligkeit herausbricht!

Ich kann mich darauf konzentrieren,
was in meinem Leben nicht stimmt - oder aber darauf, was stimmt
Ich kann meine Gedanken auf alle Mängel richten,
oder aber auf all die Fülle, die dann mein Leben übernimmt!

Glücklich zu sein, bedeutet für mich,

nicht nach Glück zu suchen!

Herzensfreude

Wenn wir unser Herz leben,
dann verändert sich unser Bewusstseinszustand
Durch das (Er)leben unserer Freude,
wird die allergrößte Schwingung ausgesandt

Lasst uns nach unserem Herzen leben,

so wird sich Frieden über uns erheben!

Ein Mensch, der seine Freude entfacht,

schickt Liebesenergie als allerstärkste Macht

Hinein ins Kollektiv für diese Welt,

bis schließlich das größte Wunder innehält!

Ändern oder Akzeptieren

Im Laufe unseres Lebens erleben wir viele unangenehme Situationen. Situationen, die „einfach" so sind, wie sie sind. Mögen sie noch so beschissen sein; aber manche Dinge passieren, weil sie eben passieren. Wir können nun gegen unser Schicksal ankämpfen und versuchen zu retten, was zu retten ist. Wenn es aber zum verbitterten Dauerkampf kommt und zu keiner erleichternden Lösung, dann sollten wir uns nicht länger damit quälen und schließlich aufhören gegen unser Schicksal mühselig zu rebellieren. Irgendwann wird es ansonsten nur passieren, dass wir mit jedem Tag unzufriedener werden oder sogar einen Nervenzusammenbruch erleiden.

Wie heißt es so schön in einem Gebet von Dr. Reinhold Niebuhr:

Gott gebe mir Gelassenheit,
hinzunehmen, was nicht zu ändern ist.
Mut, zu ändern, was ich ändern kann.
Und Weisheit, zwischen beiden zu unterscheiden.

Wenn wir also vor einem Problem stehen und etwas dagegen tun können, dann packen wir es an! Tritt aber etwas in unser Leben, das wir nicht - oder zumindest vorerst nicht - ändern können, dann sollten wir aufhören gegen das Unvermeidliche anzukämpfen. Daraufhin werden wir auch wieder viel mehr Energie zur Verfügung haben, um ein besseres Leben gestalten zu können. Denn kein Mensch der Welt wird genügend Energie haben, gegen das Unvermeidliche anzukämpfen und zugleich noch überschüssige Kraft haben, sein Leben neu zu gestalten.

Was bedeutet dies in Bezug auf das Vertrauen?

Wir sollten immer darauf vertrauen, dass Gott alles zu unserem Besten will. Das heißt aber nicht, dass wir nicht selbst ins Handeln kommen sollen, getreu nach dem Motto: „Mein Schicksal ist ja sowieso vorbestimmt!" Wenn wir Situationen persönlich zum Besseren verändern können, so dürfen wir diese auch verändern. Vertrauen hat nicht immer damit zu tun, dass man sagt „ich muss selbst nichts tun." Vertrauen bedeutet für mich, dass mir bewusst ist, dass über allem etwas Größeres steht; dass über allem ein göttlicher Plan existiert. Und auch wir sind Teil von Gottes Plan; daher dürfen wir auch vertrauen in uns selbst haben, sowie den Mut, um etwas „anzupacken" und zu verändern.

Gewisse Ereignisse und Situationen, die wir selbst nicht direkt verändern können, können wir Gott übergeben. Auch können wir ihn um Hilfe bitten, damit er uns neue Möglichkeiten offenbart und uns außerdem Geduld, Kraft und Akzeptanz schenkt.

Gott und auch andere Wesen (wie z.B. Schutzengel) begleiten uns. Sie haben den Blick auf das große Ganze. Du - wie auch ich - können uns dies vielleicht nicht immer vorstellen. Oft sind wir verzweifelt, ungeduldig, ratlos und wir wünschten zu verstehen. Aber wir müssen mit unserem Verstand nicht immer alles verstehen. Im Gegenteil! Immer alles ganz genau verstehen zu wollen, hindert uns daran ins Vertrauen zu kommen. Tiefes Vertrauen können wir letztendlich niemals in unserem Verstand finden, sondern nur in unserem Herzen. Also sollten wir manches, was wir selbst nicht ändern können, loslassen und hinnehmen. Vertrauen wir auf Gott und legen es in seine Hände. Er weiß wieso! „Dein Wille geschehe, wie im Himmel, so auf Erden."

Vertraue

Hör auf, der Vergangenheit nachzuweinen

Vertraue! Gott wird alles zum Guten vereinen

Hör auf, mit deinem Kampf, der dich nur führt in Bitterkeit

Fokussier dich auf 'was Neues

Du wirst spüren, es wird dir guttun, gegen dein Leid

Lass los, akzeptiere und nehme hin

Ist's auch noch so beschissen - Gott weiß den Sinn!

Kämpfen - oder nicht!

Du kannst jederzeit kämpfen - aber du musst es auch nicht
Es ist ein Prozess der Entscheidung, ganz allein aus deiner Sicht
Du kannst dich jederzeit für inneren Frieden entscheiden
Du kannst aber auch weiterhin schmerzlichst
unter deinen inneren Widerständen leiden

Du kannst vertrauen und dich vom Fluss des Lebens treiben lassen
Du kannst aber auch weiterhin grollen und zusehen,
wie deine schönsten Farben verblassen
Du kannst dich jederzeit dafür entscheiden, dass Energie in dir lebt
Dass sie dir den Weg zeigt und kraftvoll über deine Ängste hinwegfegt
Du kannst dich entscheiden, zu lieben und zu lachen,
neues zu lernen und das Beste draus zu machen

Weißt du,
Kampf bedeutet niemals vertrauen
Und mit Kampf wirst du dir deine einengenden Mauern
nur noch höher erbauen
Mit Kampf förderst und nährst du den Zweifel in dir
und allen voran, raubt es dir jegliches Freudenselixier

Weißt du,
du kannst kämpfen - aber du musst es auch nicht
Es ist ein Prozess der Entscheidung, ganz allein aus deiner Sicht
Du kannst kämpfen - aber du kannst dich auch treiben lassen
Du kannst anfangen zu vertrauen und dein Leben anzunehmen,
anstatt es zu hassen

Klar, du kannst auch weiterhin kämpfen;
aber dein Kampf wird sich noch steigern
Und in deinem Gefecht,
wirst du jedes Mal die Liebe und den Frieden in dir verweigern
Denn Kampf ist niemals die Antwort auf Liebe
und Kampf ist nie die Antwort auf Friede!

Hinnehmen des Unvermeidlichen

Anmerkung: Manchmal brausen die Stürme des Lebens über uns hinweg und wir können nichts dagegen tun. So bleibt es uns nur übrig, das Unvermeidliche zu akzeptieren, die Ärmel hochzukrempeln und die Scherben aufzusammeln.

Um mich herum ein Scherbenhaufen

In keinster Weise gelingt's mir davonzulaufen

Kann nix dagegen tun, kann nur akzeptieren

Beginn die Scherben aufzusammeln, ehe sie mich ruinieren

Lass die Vergangenheit los!
Schreib deine Geschichte ab heute neu!

Vielleicht ist in letzter Zeit viel schiefgelaufen
Du hast Dinge verpeilt, verbockt oder verplant
Und jetzt hast du das Gefühl
als ständest du vor 'nem riesen Scherbenhaufen
Weißt weder ein noch aus
und am liebsten möchtest du nur noch davonlaufen

Du machst dir Selbstvorwürfe, weil du meinst,
du hättest andere Entscheidungen treffen müssen
Du stellst dir vor, wie es *stattdessen* sein könnte,
- wie gut alles wär'- ohne dem Gefühl, irgendwas zu vermissen

Du meinst, dich im Labyrinth des Lebens verirrt zu haben
Weißt nicht weiter und bist auf der Suche nach deinem roten Faden
Deine negativen Erfahrungen,
sie blockieren dich und sie halten dich klein
Du fasst wenig Mut und Vertrauen und redest dir ein,
„vielleicht soll es so mies sein!"
In dir wüten Selbstvorwürfe, Selbstzweifel und Selbstsabotage
Doch deine nagenden Gedanken,
sie treiben dich nur noch mehr in Rage

Mach dich nicht kleiner als du bist!
Schreib deine Geschichte ab heute neu!
Trenn dich von dem, was schiefging,
von deiner Vergangenheit und von deiner ganzen Abscheu

So, wie du negative Glaubenssätze in dir verinnerlicht hast,
genauso kannst du dir Positive antrainieren
Sag und seh das Gute,
anstatt dich im Negativen zu verlieren
Verabschiede dich von dem, was jetzt nicht ist relevant
Sag Adieu zu dem, was nicht mehr liegt in deiner Hand
Schreib deine Geschichte ab heute neu!
Fang an das Gute zu realisieren!
Jetzt ist das Leben. Jetzt ist die Zeit.
In der Vergangenheit kann nix mehr passieren!

Du hast jeden Moment die Chance,
deine Situation zu ändern, zu akzeptieren oder loszulassen
Aber es geht nicht mehr darum, was früher mal war
Heute - hier und jetzt - da soll es für dich passen

Sich zu ärgern, über das was war oder das, was hätte sein können,
bringt dich nicht weiter
Mach JETZT das Beste aus deiner Situation
Du weißt selbst, das ist wesentlich gescheiter

Schreib deine Geschichte ab heute neu!
Lass dich nicht von Vergangenem irritieren!
Beginn dein Leben anzunehmen
und beginn dich im Moment zu verlieren!
Seh das Schöne und das Gute,
das dich tagtäglich umgibt
Und wenn du dich selbst leiden kannst,
dann merkst du auch, wer *dich* alles liebt!

Wenn es uns schon nicht oft gelingt im Moment zu leben, dann beginnen wir doch wenigstens damit, überwiegend positive Gedanken zu hegen, anstatt Gedankentrübsal zu verbreiten.

Die größten Lasten, die wir tragen,

sind die, die uns in unserem Kopfe plagen

Das Leben:
Ein Produkt unserer Gedanken,
je nachdem - sie verleihn uns Flügel oder bringen uns ins Wanken!

Gestern? Dann? Fang an!

Neigst du dazu, dein Leben im Jetzt auf später zu verschieben?
Fällt es dir schwer,
die Gegenwart hinzunehmen und den Moment zu lieben?

Willst du etwas Neues beginnen, aber weißt nicht recht wann?
Machst du´s bloß nicht heute und sagst dafür immer dann?!

Machst du dir die Gegenwart schwer,
weil du zu oft in der Vergangenheit hängst?
Siehst du überwiegend das Positive, oder eher das Negative,
dem du deine Aufmerksamkeit schenkst?

Traust du dich durch deine Strenge nichts Neues zu wagen?
Hast du schiss, Fehler zu machen oder gar komplett zu versagen?

Wie oft würdest du gerne nach neuen Abenteuern streben?
Aber wie oft bleibst du an alten, einschränkenden Gewohnheiten kleben?

Hörst du vermehrt auf dein Ego, oder auf deinen Instinkt?
Ist es pure Vernunft, oder die Herzensstimme, die aus dir erklingt?

Freust du dich auf den Tag, mit seinen 24 Stunden?
Oder bist du froh, wenn die meisten dieser sind überwunden?

Träumst du vom Paradies, weit hinter´m Horizont?
Oder ergreifst du all Schönheiten und Möglichkeiten,
worin sich jetzt schon dein Herz sonnt?

Jetzt!

Ich hör auf, alles dauernd zu verschieben

Ich warte nicht auf einen „besseren" Tag

Heut start ich endlich durch,

mit dem, was mir schon lange auf dem Herzen lag!

Dem Fluss des Lebens vertrauen

Ab jetzt wird dem Fluss des Lebens vertraut
und hemmende Angstmauern werden abgebaut
Ich weiß, meine innere Führung verleiht mir Sicherheit
und alles ist gut - SO WIE ES IST - zu jeder Zeit

Aufbauende Worte und Gedanken sind meine Parole
und alles geschieht zu meinem besten Wohle

Ich bin in meiner Mitte und in meiner Kraft
Durch Hingabe und Liebe, hab ich schon die tollsten Dinge geschafft
Ich bin frei von meinen Ängsten und meinen Blockaden
Sämtliche Befürchtungen werden nun von mir geladen

Ich öffne mich meinem Urvertrauen,
es schenkt mir Gelassenheit und positives nach vorne schauen
Meine Seele und mein Geist sind vollends erfüllt
Denn ich weiß, ich bin geleitet und geschützt,
und von oben bis unten in Liebe eingehüllt

„Vielleicht kann ich irgendwann in Zukunft Frieden finden?
Aber dazu muss dies und jenes geschehen
- oder ich muss dies und jenes bekommen,
um das Glück an mich zu binden!"

„Vielleicht werde ich auch nie meinen Frieden erlangen?
Denn in der Vergangenheit ist etwas geschehen,
dass mich daran hindert, um überhaupt jemals mein Glück einzufangen!"

....

Wie oft erfindet dein Ego solche Sätze?
Wie oft erzählt es dir solche Geschichten, mit solchem Geschwätze?
Wie oft erzählt dir dein Ego,
dass du im Augenblick nicht glücklich sein kannst?
Wie oft will es nicht, dass du friedvoll durch deinen Tag tanzt?!

Deinen Frieden erlangst du im gegenwärtigen Augenblick
Hier entfaltet sich das Spiel des Lebens,
deine Zufriedenheit und dein Glück!

Das Geheimnis allen Erfolgs

Das Geheimnis allen Erfolgs und allen Glücks,
bedeutet eins zu sein mit dem Leben!

Einssein mit dem Leben, heißt Einssein im Jetzt
Kein Gestern oder Morgen, sondern die Sekunde die du schätzt

Einssein mit dem Leben, heißt Einssein im Jetzt
Gelebter Augenblick, der dich in Leichtigkeit versetzt

Einssein mit dem Leben, heißt Einssein im Jetzt
Eine Fülle voll vertrauen, die dein Herz besetzt

Einssein mit dem Leben,
es ist das Geheimnis von Erfolg und Glück
Und auch die schweren Zeiten,
meisterst du somit Stück für Stück

Das Leben ist der Tänzer - du bist der Tanz

Lasse dich führen, dann entdeckst du all Schönheit und Glanz

Glückseligkeit

Deine Seele ist bestrebt im Augenblick zu leben
Sie interessiert kein Gestern oder Morgen,
sondern findet Erfüllung im Soeben

Ein Leben im Hier und Jetzt,
ermöglicht dir in Glückseligkeit zu baden
In der Präsenz des Augenblicks,
kannst du dein Herz mit Freude aufladen

Veränderung

Du willst eine Veränderung?
So blicke nur kurz in die Zukunft
Dann begebe dich ins Hier und Jetzt
Horche, was dir deine Seele zuflüstert
und mit welcher Dringlichkeit, sie dein Herz besetzt

LEBEN

Weniger tun, dafür bewusst

Mehr aus Freude, nicht weil du es musst

Weniger tun, dafür mehr genießen

Öfter innehalten und mit dem Leben fließen

Sich selbst verlieren, um sich selbst zu finden?!

Was ist, wenn einen das Leben aus der Bahn wirft?
Ich möchte dir hierzu eine persönliche Geschichte über mich erzählen...

Bereits von klein auf machte ich immer sehr viel Sport. Mich zu bewegen war mein Leben. Zu jeder freien Minute tobte ich herum. Mit zehn Jahren begann ich Tischtennis in einem Verein zu spielen. Ich liebte diesen Sport sehr. Drei bis fünf Mal die Woche verbrachte ich mit Training und Wettkämpfen. Als ich 18 Jahre war und Autofahren konnte, begann ich in einem Verein das Fußballspielen. So sehr ich auch „meinen" Tischtennis liebte, umso mehr wollte ich schon immer in einer „Mann"schaft Fußball spielen. (Leider war es mir die Jahre zuvor nicht möglich gewesen, in einem Verein vor Ort zu spielen.) Aber da ich nun meinen Führerschein hatte, konnte ich zum nächstliegenden Frauenverein fahren. Ca. drei Jahre lang verbrachte ich ausgiebig und leidenschaftlich damit, Fußball zu spielen. Was liebte ich diesen Sport!

Mit 21 Jahren, lernte ich meinen jetzigen Mann Klaus kennen. Einen sportlichen Hobbytriathleten und ansonsten auch nicht übel. ;-) Der Sport meines Mannes faszinierte mich sehr. Und da ich neben dem Fußballspielen bereits regelmäßig an Laufwettkämpfen teilnahm (und es auf meiner neuen Arbeitsstelle keine Fußballfrauenmannschaft in der Nähe gab), begann ich vermehrt auf das Schwimmen, Radfahren und Laufen umzusteigen. Ich merkte, mir machte das alles sehr, sehr viel Freude. Es kam mir vor, als liebte ich diesen Sport mehr als alle jemals zuvor geliebten Sportarten. Und somit wechselte ich schließlich zum Triathlon.
... Doch was passiert, wenn das Leben einen „aus der Bahn wirft"?

Jeder sportliche Mensch wird mir bestätigen können, wie schlimm es ist, wenn man mit seinem geliebten Sport eine Zeitlang pausieren oder gar komplett aufhören muss - sei es durch eine Verletzung oder wie bei mir durch eine andere Erkrankung. Mit Mitte zwanzig bekam ich eine FSME-Impfung, wodurch es mir schleichend schlechter ging. Daraufhin trainierte ich deutlich weniger, bis schließlich gar nicht mehr. Meinem Körper gelang es nicht mehr sich zu erholen. Im Gegenteil, es zerlegte mich vollkommen. Tagein, tagaus plagten mich heftige Lichtempfindlichkeit, Halsschmerzen, Gliederschmerzen. Und am allerschlimmsten: eine brutale Erschöpfung. Meine Mahlzeiten nahm ich zumeist nur noch im Liegen zu mir, da mir das Aufrechthalten meines Körpers im Sitzen zu schwerfiel. An vielen Tagen fütterte mich mein Mann oder schleppte mich zur Toilette. An „guten" Tagen schaffte ich es knapp 30 Minuten „spazieren" zu gehen. Danach brach ich jedoch oft zusammen und musste zur Erholung wieder stundenlang liegen. Wenn ich allein war, kam es vor, dass ich manchmal sehr lange, auf dem kalten Boden unseres Flures lag; aber ich hatte einfach keine Kraft, um hätte aufstehen zu können. (Heute, wie auch damals, unvorstellbar.) Ebenso erging es mir mit anderen alltäglichen Dingen: 20 Minuten Kochen, Putzen oder Staubsaugen waren zumeist anstrengender als jeder beschrittene, sportliche Wettkampf zuvor; und all diese Dinge, bedeuteten ebenfalls eine lange Erholungspause im Liegen. Mein Mann unterstützte mich, wo er nur konnte, und er übernahm das meiste, der zu erledigenden Aufgaben.

Durch den zuvor betriebenen Sport, wusste ich, was es bedeutet sich zu quälen, nicht gleich aufzugeben und an seine Grenzen zu gehen. Und glaube mir, lieber wäre ich jeden Tag - in einem gesunden Zustand - ein bis zwei Marathons gelaufen, denn das hätte mich vermutlich nicht so angestrengt, wie 30 Minuten spazieren gehen unter diesen krankhaften, erschöpfenden Zuständen. Ich war nicht müde - ich schlief mehr als genug, aber ich war waaaahnsinnig erschöpft. Das ist ein großer Unterschied! Und seit Zeiten von Corona, gewinnt solch ein Zustand, im medizinischen Sektor als auch ganz generell, mehr Akzeptanz und Wahrnehmung. Hierbei wird von Post-Covid gesprochen. Der Akku des Körpers ist ständig auf Reserve, beziehungsweise leer. Bei Müdigkeit hilft es dem Körper wieder fitter zu werden, indem man sich bewegt oder an die frische Luft geht. Das chronische Erschöpfungssyndrom (kurz **CFS** genannt: **c**hronic **F**atigue **S**yndrom) äußert sich besonders darin, dass der Körper durch jede Bewegung an Energie verliert und erschöpfter wird. Die Erschöpfung zeigt sich sofort und sogar nochmals heftiger, 12-24 Stunden später nach der „Belastung". Die Betroffenen wundern sich, dass sie heute so im „Eimer" sind, wobei sie doch gar nichts anstrengendes unternommen haben. Allerdings waren sie ein bis zwei Tage vorher in einer Situation, wo sie sich etwas mehr angestrengt haben und über ihr verfügbares Energielevel hinausgegangen sind.

Das chronische Fatigue Syndrom kann u.a. durch Borrelien, das Ebbstein-Barr-Virus, Antibiotika, Chemotherapeutika oder Impfungen hervorgerufen werden. Bei mir kam es durch die Verabreichung einer Impfung; und es machte meinen Zustand nicht besser, dass mir obendrauf Antibiotika verabreicht wurde.

Über die Sache mit dem Impfen möchte ich hier kurz erwähnen: wer es für richtig und notwendig empfindet, der soll sich impfen lassen. Ich selbst lasse mich, seit diesem heftigen Impfschaden, gegen gar nichts mehr impfen. Mein Sohn hat keinerlei Impfungen! Er ist gesund und munter (und hat auch keinerlei Allergien, Hautkrankheiten oder sonstiges). Für mich haben in einem gesunden Körper - Aluminium, Quecksilber, Formaldehyd, Nanopartikel, etc. - wie wir sie in Impfungen vorfinden, *nichts* zu suchen. Aber das muss jeder für sich selbst entscheiden!

Zurück zu meiner Geschichte...
Weder Ärzte noch Heilpraktiker konnten mir damals weiterhelfen. Also, begann ich selbst sehr viel zu lesen, zu recherchieren und v.a. an mir anzuwenden. Allmählich hatte ich immer mehr das Gefühl, ich wisse, warum Menschen krank werden und andere nicht. Um das jetzt genauer zu erklären, müsste ich allerdings sehr weit ausholen. Dies wäre ein weiteres Buch wert und ist teilweise auch schon in meinen anderen Büchern („Chemo - ein Mordsgeschäft" und „Antibiotika - Darmzerstörer Nr. 1") nachzulesen. Um es kurz zu machen, was mir aus meiner bescheidenen Lage half: Ernährungsumstellung, bestimmte Nahrungsergänzungsmittel und hauptsächlich Entgiftung. (Solltest du zu diesen drei Themen Fragen haben, dann helfe ich dir gerne, so gut ich kann, weiter.)

Ich möchte für meine Geschichte kein Mitleid oder Ratschläge erteilen. Warum erzähle ich dir all das? Genau zu diesem Punkt möchte ich jetzt kommen. Ich möchte dir sagen: Geb niemals auf! Bleib geduldig! Und bleibe vor allem im Gottvertrauen! Auch wenn du die Welt nicht verstehst; Freunde verlierst; Familienmitglieder hast, die sich gegen dich stellen; dein geliebtes Hobby oder deinen Job verlierst, und du an manchen Tagen extrem am Verzweifeln bist, sodass du manchmal am liebsten nur noch tot sein möchtest; so sei nochmals gesagt: **Geb nicht auf! VERTRAUE!** Ganz egal, wie beschissen deine Lage ist. Vertraue auf

Gott, dass er dir hilft und immer das Beste für dich will!

Ich liebte Sport über alles und ich liebe Sport heute immer noch. Zirka sieben Jahre lang konnte ich überhaupt keinen Sport treiben und auch nicht meinem Beruf als Physiotherapeutin nachgehen. Jeder Tag war mega anstrengend, obwohl ich nichts oder nur das allernötigste tat. Und vor lauter Unbeweglichkeit musste ich darauf achten, keine Thrombose zu bekommen. Für einen sonst eher quirligen Menschen wie mich, war das alles andere als leicht, diesen Zustand zu akzeptieren und anzunehmen. Als die Ärzte auch keinen richtigen Rat wussten und sie mir den Vorschlag machten, ich solle mit moderatem Training beginnen, brachte mich das nur noch mehr zum Heulen, denn Bewegung war ja schließlich mein Lebenselixier und ich sehnte mich extrem danach. Aber neben dem Sport wurde zu meiner allergrößten Sehnsucht, überhaupt wieder normal den Alltag meistern zu können; Freunde zu treffen oder einen Spaziergang zu machen, ohne mich dabei komplett verausgaben zu müssen.

Heute, zurückblickend, was viele Jahre später ist, sehe ich, welch Chancen und Möglichkeiten sich trotz dieser misslichen Lage aufgetan haben. Lange war mir das nicht bewusst. Aber ich setzte mich damals mit sehr vielen Dingen auseinander, mit denen ich mich früher, in einem fitten Zustand, sehr wahrscheinlich nicht befasst hätte. Mein Körper war total hinüber, aber mein Kopf funktionierte glücklicherweise sehr gut. Auch ein Buch wie dieses hier, wäre vermutlich nicht entstanden. Ich denke, dass wir manchmal erst rückblickend - oftmals viele Jahre später - erkennen, wie etwas Schlimmes, auch sein Gutes für uns hat(te). Ich merke auch, dass ich mich durch meine durchgemachte, missliche Lage auf menschlicher und geistiger Ebene weiterentwickelt habe. Ein Stück weit wäre es bestimmt auch ohne meine Krankheit passiert, aber ich denke nicht in diesem Ausmaß. Diese Entwicklung konnte mir für mein jetziges Leben schon oft weiterhelfen und solch manchen Ärger ersparen. So elendig hart auch viele Jahre waren, so Danke ich trotzdem meinem Schöpfer, für all die Dinge, die ich daraus lernen und erfahren durfte. Und vermutlich waren besonders *die* Tage sehr lehrreich, an denen ich ein schlechtes Gewissen hatte, weil ich nur dalag und gar nichts tun konnte. Das Nichtstun ist etwas, das unserer Gesellschaft sehr schwerfällt, aber genau hierin stecken oft die größten Wunder und Ideen. Und so sehr man in solch einem Zustand auch an Gottes Gerechtigkeit zweifelt, umso mehr spürt man auf der anderen Seite seine Liebe viel deutlicher. Auch schätzt man all die Geschenke, die man um sich hat, viel mehr. Man wird für viele „kleine" und „selbstverständliche" Dinge dankbarer und demütiger. Ich bin zutiefst dankbar für meinen Mann und Sohn, die mich in dieser harten Zeit immer verstanden und unterstützt haben. Oft wäre unsere Beziehung daran zerbrochen, aber letztendlich hat sie uns stärker gemacht und wir sind daran gewachsen. Und meine Männer liebe ich seither noch viel, viel tiefer. Denn das Leben hat mich spüren lassen, was wirklich bleibt, wenn man (fast) alles verliert.

Wäre ich noch einmal in dieser „Notlage", dann würde ich aus heutiger Sicht sagen: „Tine, bleib geduldig und voller Vertrauen. Alles wird gut!" Und das liebe/r Leser/in, ist auch das, was ich *dir* weitergeben möchte. Egal, in welcher Lebenslage du dich gerade befindest. GLAUBE und VERTRAUE. Nehme das JETZT an! Gott weiß wieso. Und irgendwann werden wir es verstehen. Nutzen wir die Zeit, für die Dinge, die wir im Augenblick tun können!

Das Lebendigste, was du in dir trägst,

ist der Ausdruck der Energie

in deiner Seele!

Erwachen 2.0

Du warst nie etwas anderes als Liebe

Liebe ist deine Essenz - dein Elixier

Du bist ein göttlicher Funke,

ein wahrhaft schöner Liebespionier

Es ist niemals dein Verstand, mit dem du erwachst

Es ist die Zuversicht in deinem Herzen,

mit der du deine schwingende Seele

zur strahlenden Wirklichkeit entfachst

Wunder des Herzens

Schließe deine Augen

und verschmelze mit der Energie deiner Lebendigkeit

Spüre die Liebe in deinem Herzen

und deine unermessliche Vollkommenheit

Trage die Wunder deines Herzens hinaus in diese Welt

und erblicke all Schönheit,

welche sich unaufhörlich zu dir gesellt

Ist Leid für unsere Entwicklung notwendig?

Ich denke, Leid oder Krankheit muss nicht zwingend not-wendig sein, damit wir im Leben dazulernen. Aber sie bieten uns eine Gelegenheit, um uns weiterzuentwickeln. Vielleicht um unser bisheriges Leben zu reflektieren und neu zu überdenken. Was will ich wirklich in meinem Leben? Wie will ich leben? Was ist mir wichtig? Was tut mir gut und was nicht?

Wie heißt es so schön: „Jede Krankheit ist oft besser als 10 Jahre Meditation." Durch Krankheit werden wir in die Ruhe gezwungen. Dadurch können wir in ein anderes Bewusstsein gelangen. Aber das funktioniert nur dann, wenn wir unser Schicksal annehmen, GEDULDIG BLEIBEN und versuchen das Beste daraus zu machen. Es funktioniert nicht, wenn wir darüber schimpfen oder anklagen. So in etwa: „Gott, warum hast du mir das angetan?!" Wir sollten vertrauen, dass Gott immer das Beste für uns will und einen Plan mit uns hat. Vielleicht möchte er, dass wir manches loslassen und das anpacken, was er für uns bestimmt hat.

Alles Leid hat ein Ende!
Wir sollten uns klarmachen, dass unser Leid nicht ewig dauern wird. Alles Leid wird ein Ende haben, und es wird daraus etwas Gutes entstehen.

Das eine aber wissen wir: Wer Gott liebt, dem dient alles, was geschieht, zum Guten. Dies gilt für alle, die Gott nach seinem Plan und Willen zum neuen Leben erwählt hat. Römer 8,28

Das heißt, was auch immer geschieht, wir sollten zuversichtlich sein, dass sich Gott um uns kümmert und dass er dafür sorgt, dass alle Dinge als ein Plan zum Guten zusammenwirken; alle, die ihn lieben und die nach seinem Plan und Willen berufen sind.

Dies wiederum heißt, wenn alle Dinge zusammenwirken, entsteht daraus etwas Gutes. Es kann also sein, dass die eine Sache, die wir gerade durchmachen oder durchgemacht haben, für sich genommen, nicht gut ist bzw. gut war. Doch es gibt noch andere Dinge in unserem Leben, und wenn diese alle zusammenwirken, dann wird es gut.

Manchmal warten wir nur darauf, dass noch etwas in unserem Leben hinzukommt. Es fehlen nur noch ein oder zwei Dinge. Wir können uns dies wie ein Nudelsuppenrezept vorstellen, in dem noch ein paar Zutaten fehlen. Nur die Nudeln allein, würden nicht gut schmecken; nur das pure Salz oder der pure Pfeffer auch nicht; und nur die blanken Kräuter und das blanke Fett ebenso nicht. Erst wenn wir die Zutaten miteinander verrühren, erst dann kann daraus etwas Gutes resultieren. Aus einer Zutat allein, kann meist nichts gelingen, das gut schmeckt. Wir benötigen weitere Zutaten und müssen diese miteinander vermischen. Und so ist es auch mit unserem Leben! Wir sollten es als Ganzes betrachten! Vielleicht sind wir mit irgendeiner Sache gescheitert. Wir dachten, es würde funktionieren. Wir haben uns „hineingekniet" und alles gegeben, dennoch sind wir nicht zu dem Ergebnis gelangt, wie wir es uns gewünscht hätten. Wir fühlten uns wie ein „Versager", wie ein „Loser", waren zutiefst traurig, verzweifelt und deprimiert. Bestimmt hattest du schon einmal solch eine Situation...

ABER, wir sollten nicht nur auf diese eine Sache blicken, die nicht funktioniert hat. Wir sollten auf die Dinge in unserem Leben schauen, die gut gelaufen sind und die wir gut gemeistert haben. All die großartigen Begebenheiten und Gelegenheiten, die uns Gott geschenkt hat. Und vielleicht konnten wir sogar aus der Sache, die nicht gut gelaufen ist, etwas lernen oder etwas Positives mitnehmen.

Wenn wir in Schwierigkeiten stecken, sind wird dazu geneigt, uns darauf zu konzentrieren, was uns schmerzt. Doch es wäre viel besser zu sagen: Okay, Mist, das hat nicht funktioniert; aber ich habe ein Zuhause, eine Familie, meine Gesundheit, meine Freunde, etc. Wir sollten uns auf die guten Dinge im Leben fokussieren und dann werden wir feststellen, dass diese überwiegen. Ganz egal, was wir gerade durchmachen - wenn wir unser Leben als Ganzes betrachten, sehen wir mehr gute als schlechte Dinge. Und es werden noch viel mehr gute Dinge hinzukommen. Warum? Weil Gott ein guter Gott ist, und weil er das Beste für uns will. Wer an Gott festhält, der wird belohnt!!!

Ihr seht also, dass es unmöglich ist, ohne Glauben Gott zu gefallen. Wer zu ihm kommen möchte, muss glauben, dass Gott existiert und dass er die, die ihn aufrichtig suchen, belohnt. Hebräer 11,6

Wenn wir also bei Problemen und Schwierigkeiten am Glauben festhalten, dann können wir uns daran erinnern, dass Gott unser Belohner ist. Wir werden diesen Lohn empfangen, wenn wir auf Gott vertrauen und nicht aufgeben.

Seien wir uns auch bewusst, dass wir besonders durch Schwierigkeiten wachsen - sowohl an unserem Glauben als an unserem ganzen Leben. Das, was wir als Katastrophe erleben, können wir mit Gottes Hilfe in Segen verwandeln. Eine tiefe Krise kann uns zum Segen werden, wenn wir Gott lieben und ihm vertrauen. Gottes Licht kann dann in die Dunkelheit strahlen und alles hell machen. Alles!

Was auch immer gerade in unserem Leben ist. Lass uns geduldig bleiben, vertrauen und durchhalten. Alles wird gut!

VERTRAUEN

Will nicht jammern, will mich nicht beschweren

Ich lasse los - ich lasse gewähren

Ich vertrau auf Gott, mit seinen wundervollen Werken

Er zeigt mir neue Wege und neue Stärken

Das Glück der kleinen Dinge

Ich will die Oberflächlichkeit der Welt zerstreun
und mich an den „kleinen" Dingen des Lebens erfreun

Das Rieseln des Regens, das Wehen des Windes,
das Wandern der Wolken, das Kichern des Kindes
Das Strahlen der Sterne, das Blubbern des Baches,
das Feuer in mir - ich trau mich und entfach es!

Auch Güte und Herzlichkeit zu einer fremden Person
All dies stoppt für einen Moment meinen Gedankenstrom
Ich kann die besten Dinge des Lebens erfahrn
Der schönste Raum in mir hat sich aufgetan

Lebendiger Frieden - wenn auch nur kurz und leise
Der Augenblick der „kleinen" Dinge
- ein Wohlgefühl, das ich immer öfter willkommen heiße!

Wahre Freude ist niemals die,
die uns durch etwas materielles widerfährt
Vielmehr ist es das „Wenigste",
das uns das größte Glück beschert

WAS ZÄHLT!

Es geht nicht darum, dass du etwas besonders gut kannst

Vielmehr zählt, ob dein Herz vor Freude tanzt

Es geht nicht darum, was die andern im Außen sagen

Vielmehr geht's darum, das Gefühl in deinem Innern zu wagen

Lebenselixier

Lass die andern labern und mach einfach dein Ding
Tu, was DU für richtig hältst - freu dich, tanze, laufe und spring

Fühl dich frei und lebendig, wie ein Vogel im Wind
Die Flügel ausgebreitet, für das, was *dich* fröhlich stimmt

Immer kraftvoll voraus - mutig und grenzenlos
Glaub an deine Träume, sind sie auch noch so groß

Lass die andern labern - es ist nicht dein Problem
Tu, was DU liebst, dann können die größten Wunder geschehn

Glaub an dich und all die Kräfte in dir
Alles ist möglich - leb dein Lebenselixier!

Grenzenlos

Setz dir keine Grenzen, denn alles ist grenzenlos
Jederzeit gibt´s Wunder - ganz klein und ganz groß

Du selbst bist das größte Wunder überhaupt
Darum lass es nicht zu,
dass man sich mit Negativität deiner Energie beraubt

Lass dir nicht einreden, du kannst etwas nicht
Hör auf zu zweifeln, sondern entzünde dein Licht

Spüre das Leben in seinen ganzen Facetten
Befrei dich, von deinen dich fesselnden Ketten

Tu, was du liebst und lass dich nicht kleinmachen
TRAU DICH und beginne JETZT deine Herzensfreude zu entfachen

Freiheit

Freiheit bedeutet, sich selbst zu lieben
Seine Träume zu wagen und nicht dauernd zu verschieben

Freiheit bedeutet,
sich ab und zu von seinem Verstand zu befrein,
altes loszulassen und zu verzeihn

Freiheit fühlt sich nach Unsterblichkeit an
Danach, dass alles Unmögliche möglich ist,

- ich glaube fest daran!

Glaub an dich

Lass dir nicht einreden, du kannst etwas nicht
Mach das, was du schon immer tun wolltest
und wo Freude aus dir ausbricht
Probier es einfach mal aus und tu das, was du liebst
Mach endlich das, was du schon so lange vor dir herschiebst

Erkenn in deinen wunden Punkten auch deine Stärken
Alles ist perfekt an dir, durch Gottes wundervollen Werken
Du bist ganz genau richtig - und zwar so wie du bist
Ich schreib dir diese Zeilen, damit du das nicht vergisst

Trag dein Sein und deine Schönheit raus in diese Welt
Entfach dein zauberhaftes Lächeln, das uns zusammenhält
Groll und Gegrantel gibt's schon mehr als genug
Dankbarkeit und Vertrauen sind hingegen wahrlich lebensklug

Nehme dich an - so wie du bist
Mit all deinen Merkmalen - da ist nichts, was man vermisst
Du bist Du - einzigartig und perfekt
Und wer auch immer dich auslacht,
der hat noch nichts gecheckt

Bist keine billige Kopie - kein Roboter dieser Zeit
Du bist ein Meisterwerk,
welches kunstvoll dieser Welt seinen Glanz verleiht!

Liebesrebell

Früh am Morgen steh ich auf
Rein in den Tag, mit ´nem Guten-Morgen-Lauf
Ich springe über Stock und Stein
Alles läuft rund, alles geht wie von allein

Dann ab auf die Arbeit,
alle Ampeln auf grün
Gut gelaunt, will ich nur Freude versprühn

Nichts fällt mir schwer, alles geht wie von allein
Niemand kommt mir quer, heut ist alles Sonnenschein

Und will doch jemand nörgeln oder sich beschweren
So bleib ich ganz ruhig; das Problem wird sich sicherlich bald klären

Egal wer mich nervt oder mich kränkt,
jegliches Genörgel wird ins Nirgendwo versenkt
Eines ist klar,
heute wird gewiss kein Trübsal verschenkt

Und ganz egal, welch Chaos auch passiert
Jedes noch so große Problem, wird ins Kleinste eliminiert

Ich spür, heute ist mein Tag und gern start ich das Duell:
Keine Chance der schlechten Laune - ich bin ein Liebesrebell!

Wunder Mensch und Wunder des Lebens

„Wenn ihr nicht immer neue Zeichen und Wunder seht, glaubt ihr nicht!" Johannes 4,48

Hinter jeder grobstofflichen Form wirkt ein feinstoffliches „Programm", welches von einer höheren, nicht materiellen Quelle „programmiert" wird. Es wirkt ein natürliches Zusammenspiel von Energien, das in jedem Lebewesen ganz harmonisch, perfekt und unauffällig ineinandergreift. Und bei oberflächlicher Betrachtung scheint es, als existiere nur die sichtbare Materie....

Begutachten wir die vorgeburtliche Entstehung eines menschlichen Körpers: Wenn Samenzelle und Eizelle miteinander verschmelzen und sich zum ersten Mal teilen, dann liegen zwei identische Zellen vor, mit der gleichen Genstruktur und derselben Zellsubstanz. Dies ändert sich auch bei weiteren Zellteilungen nicht. Würde bei der Zellteilung irgendeine Abweichung auftreten, würde es zu einer Missbildung kommen. Da sich alle Zellen immer identisch kopieren, müsste doch eigentlich ein undifferenzierter Körper entstehen, der einer gleichförmigen Fleischkugel ähnlichsieht. Das passiert aber nicht! Trotz, dass alle Zellen die gleiche Information enthalten, wissen sie ganz genau, welche unterschiedliche Position und Funktion sie einnehmen müssen. So gestalten sich manche Zellen zu Organen, andere zu Knochen, Blutkörperchen, Muskeln, usw. Diese sensationelle, beeindruckende, passende „Formbildung" (*Morphogenese* genannt), beschränkt sich nicht nur auf das Embryonalstadium, sondern sie findet fortlaufend während unseres gesamten Lebens (durch Zellneubildung, Stoffwechsel,

Bluterneuerung, Wundheilung, usw.) statt. Diese alltägliche und allgegenwärtige auftretende Morphogenese gehört zu den großen ungeklärten Rätseln der Biologie. Wer sich mit diesen unerklärlichen Lebensfunktionen und Konstruktionen auseinandersetzt, die in jedem Lebewesen stattfinden, kann zur Erkenntnis gelangen, dass es eine allgegenwärtige Macht (Gott) geben muss.

Zu jeder Zeit gab und gibt es Wunder - im Großen wie im Kleinen!

Wenn du dich mit weiteren, spannenden, nahezu unglaublichen Wundern befassen möchtest, dann empfehle ich dir Folgende:

- Das Milchwunder von 1995
- Therese Neumann („Resl von Konnersreuth")
- Kornpiktogramme bzw. sog. Kornkreise
- Bruno Gröning
- Mirin Dajo

..... Ein Mensch, der mich sehr beeindruckt und sehr berührt, ist Bruno Gröning. Auf diesen wundersamen Menschen möchte ich hier kurz eingehen.

Im Jahre 1949 gab es in Deutschland kein anderes Ereignis, welches die Gemüter mehr erregte und die Öffentlichkeit mehr beschäftige wie die „Wunderheilungen" des Bruno Gröning. Ein Elendsheer hilfesuchender Menschen drängten im Frühjahr in Herford zu ihm. Sie erhofften sich von dem kleinen Mann aus Danzig nur eines: Hilfe und Heilung. Den Höhepunkt dieses Massenansturms bildete im Spätsommer der Traberhof bei Rosenheim. Hier drängten bis zu

30.000 Menschen zu Bruno Gröning. In biblischem Ausmaß zeigten sich wundersame Heilungen: Gelähmte konnten aus ihren Rollstühlen aufstehen und wieder gehen, Blinde wieder sehen, Stumme sprechen und Taube hören.

Bruno (1906-1959) war ein einfacher Mann, kein Arzt, kein Akademiker. Er war gelernter Zimmermann und u.a. auch als Fabrik- und Hafenarbeiter tätig. Nun stand er plötzlich im Mittelpunkt des öffentlichen Interesses, denn die Nachricht von seinen Wunderheilungen verbreitete sich auf der ganzen Welt wie ein Lauffeuer. Aus vielen Ländern kamen Kranke, Bittbriefe oder Angebote. Eine Revolution in der Medizin bahnte sich an. Doch es waren auch Gegenkräfte da, die alles in Bewegung setzten, um sein Wirken zu unterbinden, und Heilverbote und Gerichtsprozesse verfolgten ihn.

Seine Wunderheilungen waren für die einen ein Gnadengeschenk einer höheren Macht, für die anderen war es Scharlatanerie.

Was tat Bruno Gröning? Bruno verfügte über ein intuitives Wissen von der Lebenskraft und davon, wie der Mensch sich mit ihr verbinden und in sich aufnehmen kann. Aus seinem Wissen formte er eine Lehre, die bis heute unzähligen Menschen zu Gesundheit, innerer Freiheit, Leichtigkeit und Lebensfreude verholfen hat und auch immer noch hilft.

Bruno wollte kein großes Aufsehen um seine Person. Auch wollte er nie Geld für seine Hilfeleistungen. Er fühlte sich im Dienste Gottes berufen, den Menschen zu helfen. Auch sagte er, er sei nicht derjenige, der heilt - das mache Gott. Er selbst sei lediglich ein Vermittler.

Anbei ein paar Zitate Bruno Grönings:

„Ich bin nur ein Werkzeug Gottes. An mir liegt nichts, ich will kein Geld für meine Hilfe, ich führe nur die Befehle aus, die mir Gott erteilt, ich kann nicht anders handeln, als Gott es mir eingibt."

„Seien Sie bitte, bitte nicht leichtgläubig! Heute sage ich wie immer: Sie brauchen das nicht zu glauben, was ich sage! Ich verlange es auch nicht. Eine Pflicht, die Sie haben: sich selbst davon zu überzeugen!"

„Der größte Arzt aller Menschen ist und bleibt unser Herrgott!"

„Vertraue und glaube. Es hilft, es heilt die göttliche Kraft!"

„Satan ist mächtig, aber Gott ist allmächtig!"

„Das anhaltende Gute überwindet das Böse."

„Wo die Not am größten ist, da ist der Herrgott am nächsten."

„Danken Sie nicht mir, danken Sie dem Herrgott."

„Es gibt vieles, das nicht erklärt werden, aber nichts, das nicht geschehen kann!"

1959 starb Bruno Gröning, doch seine Heilungen geschehen weiter. Menschen, die seine Lehre befolgen, erleben heute das Gleiche wie die Menschen zu seinen Lebzeiten. Über den Bruno Gröning-Freundeskreis wird seine Lehre vermittelt. Der Freundeskreis ist an keine Religion oder Konfession gebunden. Ihm gehören Menschen aus allen großen Weltreligionen an. Das Wirken Bruno Grönings fordert von den Hilfesuchenden kein neues Glaubensbekenntnis oder Ähnliches. Im Gegenteil: Bruno riet seinen Zuhörern, ihrem eigenen Glauben treu zu bleiben: „Es soll jeder Mensch in seiner Religion bleiben, aber hier in der Gemeinschaft die Glaubenskraft aufnehmen."

Es spielt keine Rolle, ob der Mensch Christ, Moslem, Jude, Hindu oder Buddhist ist. „Alle Menschen", so Gröning, „gleich welcher Nation oder Religion sind es wert, dass ihnen geholfen wird."

Wenn du weiteres über Bruno Gröning erfahren möchtest, sowie Berichte von Menschen hören möchtest, die wundersame Heilungen an Körper und Seele erfahren haben, dann empfehle ich dir die Filme „Das Phänomen Bruno Gröning" (Teil 1 und 2). Unter YouTube stehen die Filme, kostenlos in voller Länge, zur Verfügung. Sie haben mich sehr berührt.

Was du gibst, kommt zehnfach zurück

Das ist geistiges Gesetz und ein Teil zum Glück

Denke, wünsche, tue, dir und andern Gutes

Bleibe achtsam und voll gottgestärkten Mutes

..... hierzu folgt eine WUNDERvolle Geschichte .....

Eine wundervolle Geschichte

Immer Montag nachmittags, besucht mein Sohn Toni in der Schule, die Rad-AG. Dort trainieren sie Kondition und Koordination auf dem Rad. Einmal, vor der letzten Mittagspause, ehe es zum Trainieren ging, hatte ein Junge, der ebenfalls an der Rad-AG teilnimmt, einen sehr knurrenden Magen und dadurch bedingt, keine besonders gute Laune. Toni, der den Jungen nicht wirklich gut kannte, aber sein leidendes Gesicht mitbekam, fragte den Jungen, ob er vielleicht zwei Euro von ihm haben möchte, damit er sich etwas zu essen kaufen kann. Der Junge nahm das Geld gerne entgegen, kaufte sich eine kleine Mittagsmahlzeit und seine Laune stieg sichtlich wieder auf ein gehobenes Level. ☺

Am Abend erzählte mir mein Sohn, dass er einem anderen Kind zwei Euro für den Essenskauf gegeben hat. Daraufhin sagte ich zu ihm: *„Ach, das ist ja nett von dir, denn du bist ja für dich selbst schon immer sehr sparsam. Meinst du, er wird dir das Geld zurückgeben, wenn ihr euch wiederseht?"* Toni: *„Ich kenne ihn nicht gut, aber ich denke, ehrlich gesagt nicht!"*
… Und so war es auch …
Ich daraufhin: *„Trotz, dass du weißt, dass du es wahrscheinlich nicht zurückbekommst, umso schöner ist es, dass du ihm geholfen hast! Gott sieht das und wird dich dafür belohnen. Und dann bekommst du es irgendwann (………..) zurück."* (Ich kann mich nicht mehr an meine genaue Wortwahl erinnern, aber mein Sohn klärte mich später auf.)

Zwei Tage später war ich auf dem Weg zu meiner Gärtnerin im Ort, um Saat- und Pflanzgut für meine Beete im Garten zu besorgen. Ich war noch keine 300 Meter aus dem Haus, da entdeckte ich inmitten einer Wiese neben mir, einen zwanzig Euro Schein. (Du musst wissen, ich habe nicht die besten Augen, da ich sehr kurzsichtig bin.) Aber tipp-topp zusammengefaltet, lag mir dieser Schein quasi zu Füßen. Sofort machte ich wieder kehrt und lief nach Hause. Ich klingelte an der Tür und mein Sohn öffnete mir. *„Schau mal Toni, das ist für dich!"* Ich streckte ihm grinsend den zwanzig Euro Schein entgegen. *„Jesus hat Geld für dich regnen lassen!"* Toni: *„Boah, krass Mama. Das ist ja, wie du gesagt hast, GENAU das Zehnfache!"*

Ich hatte wohl tatsächlich das Zehnfache erwähnt, konnte mich jedoch nicht mehr daran erinnern. ... Und tausendmal mehr als über das Geld, freu(t)en wir uns über dieses WUNDERvolle Erlebnis, das wir erfahren durften. Und dass man daran sieht, wie Gott einen belohnt, wenn man aus dem Herzen handelt.

Lasst uns aber Gutes tun und nicht müde werden; denn zu seiner Zeit werden wir auch ernten, wenn wir nicht nachlassen.
Galater 6,9

Gebt, so wird euch gegeben. Ein volles, gedrücktes, gerütteltes und überfließendes Maß wird man in euren Schoß geben; denn eben mit dem Maß, mit dem ihr messt, wird man euch zumessen.
Lukas 6,38

Ich bin kein Mensch, der dauernd Bibel liest. Auch habe ich keine Ahnung, ob alles, was in der Bibel steht, stimmt. Doch an vieles daraus, glaube ich einfach. Und vieles bestätigt sich auch immer wieder. So wie beispielsweise mit dieser Geschichte. Dafür danke ich Gott!

Gibt es ein Leben nach dem Tod?

Ich bin davon überzeugt, dass es ein (Weiter)leben nach dem „Tod" gibt und dass wir so viel mehr sind als nur unsere äußere Hülle!

Während der Geburt meines Sohnes hatte ich ein Nahtoderlebnis.

Meine Schwangerschaft sowie die Geburt verliefen nahezu komplikationslos. Komplikationslos, bis zu den Presswehen. Denn als die Presswehen einsetzten und immer heftiger wurden und auch schon über drei Stunden verliefen, konnte ich irgendwann nicht mehr. So sehr ich versuchte die Schmerzen zu ertragen und weiterzukämpfen, aber irgendwann ging es nicht mehr. Ich verfiel plötzlich in eine totale - noch nie zuvor gekannte - Widerstandslosigkeit. Und ich kann heute noch sagen: wenn der Körper nicht mehr kann, wirklich keine Kraft mehr hat, dann wird er von Gott erlöst. Und so geschah es schließlich:

Meine Seele, mit meinem feinstofflichen Körper, verabschiedeten sich von meinem äußeren Körper. Ich schwebte auf einmal außerhalb meines Körpers. Ich befand mich schwerelos, ca. zwei bis drei Meter, vom Geburtsbett entfernt und es war, als würde ich mir einen Film ansehen. In diesem „enthüllten" Zustand konnte ich mir selbst während des Geburtsvorgangs zusehen.

Es ist schwer diesen außerkörperlichen Zustand genau zu beschreiben.... Man kann alles sehen, aber selbst wird man nicht gesehen. Ich kann mich noch erinnern, dass ich auf meine Hände blickte, weil ich selbst wissen wollte, ob ich sie sehen kann. Ja, ich konnte sie sehen. Und ich weiß noch, dass meine ganze Wahrnehmung verstärkt war. Jedoch nicht hochemotional - im Gegenteil. Es war, als würde ich die Position eines stillen Beobachters einnehmen, voll auf das Hier und Jetzt fokussiert. Aber nicht bewertend oder emotional, sondern hinnehmend, und ganz ruhig und wachsam. So war das bei mir.

Ich kann nicht sagen, wie lange ich mich in diesem Zustand befand. Hier soll es ja angeblich auch kein Zeitgefühl geben. Dennoch vermute ich, dass es nur von kurzer Dauer gewesen sein konnte, da die Ärzte oder die Hebamme sonst etwas bemerkt hätten müssen. Das Einzige, was allerdings geschah, war, dass mein Mann, der die ganze Geburt über neben mir stand, plötzlich über mir zusammenbrach. Dies berichtete er mir nach der Geburt. Vielleicht hatte er doch unbewusst gespürt, was mit mir los war...

Ich muss sagen, dass ich meinem Nahtoderlebnis, nach der Geburt meines Sohnes, wenig Aufmerksamkeit gewidmet habe. Erst einige Jahre verstrichen, als ich begann, mich nochmals intensiver damit zu beschäftigen. Und ich wollte dann auch wissen, wie es anderen Menschen erging, die eine Nahtoderfahrung durchlebten - sei diese nur kurz oder bis hin zu mehreren Tagen andauernd gewesen. Man erfährt, dass alle zusammen einen gemeinsamen Nenner aufweisen. Nämlich, dass die Betroffenen bei vollem Bewusstsein ihren physischen Körper ablegen. Jener Tod, von dem uns viele Wissenschaftler überzeugen wollen, existiert in Wirklichkeit gar nicht. Der „Tod" ist ein Heraustreten aus dem physischen Körper; ähnlich einem Schmetterling, der aus seinem Kokon schlüpft. Der „Tod" ist ein Hinübergehen in einen neuen Bewusstseinszustand. Ein Bewusstseinszustand, in dem man weiterhin fühlen, sehen, hören und verstehen kann. Das Einzige, was wir in diesem Zustand - in dieser Wandlung - verlieren, ist das, was wir nicht mehr benötigen, und zwar unseren physischen Körper. Es ist so, als ob wir unseren Wintermantel beim Herannahen des Frühlings beiseitelegen, da wir wissen, dass wir ihn nicht mehr brauchen. Der „Tod" ist wie das Ablegen eines Gewandes, doch die Seele lebt weiter. Somit bekommt das Wort Tod und das Wissen um den Tod eine ganz neue Bedeutung. Bisher ist mir kein Mensch bekannt, der ein todesnahes Erlebnis hatte und noch Angst vor dem Tode hat.

Ist es nicht tröstlich zu wissen, dass es mit unserem irdischen Tod nicht einfach „aus" ist, sondern dass uns wunderbares bevorsteht?

Viele Menschen, die einen Nahtod erlebten, äußerten neben dem Gefühl eines tiefen Friedens, die Erfahrung, intensiver wahrnehmen zu können, aber selbst *nicht* wahrgenommen zu werden. Außerdem berichteten sie von einem Gefühl des Ganzseins. Mit Ganzsein ist gemeint, dass jemand, der z.B. bei einem Verkehrsunfall ein Bein oder einen Arm verloren hatte, gleichwohl nach dem Heraustreten aus seinem physischen Körper bemerkte, dass er wieder in Vollbesitz seiner Beine bzw. seiner Arme war. Zurück ins Leben kommend, waren die Gliedmaßen nicht vollständig vorhanden.

Ganz beeindruckend ist die Tatsache, dass blinde Menschen, die eine Nahtoderfahrung durchmachten, im Zustand des Scheintodes, wieder **alles** sehen konnten. Die Ärztin Dr. Elisabeth Kübler-Ross begleitete tausende von Menschen bei ihrem Sterbeprozess. Darunter befanden sich auch einige, die an der Schwelle des Todes waren und in diesem außerkörperlichen Bereich zwischen Erdenleben und Tod einen

Einblick in die Welten des Jenseits bekamen. Unter ihnen befanden sich auch einige blinde Menschen. Sie erzählten, dass sie im todesnahen Zustand wieder alles sehen konnten. Sie hatten volles Sehvermögen. Sie konnten die Anwesenden genau beschreiben. Sie wussten die Farbe, die Muster und Schnitte einzelner Kleidungsstücke, sowie Schmuckstücke, welche die Anwesenden zu jenem Zeitpunkt getragen hatten. Auch waren sie in der Lage zu sagen, wer das Zimmer zuerst betreten hatte und wer die Wiederbelebung durchgeführt hatte. Zurück ins Leben kommend, waren sie wieder in ihrer Ausgangsposition mit ihrer Erblindung.

Es gibt Skeptiker, die meinen, es handle sich hierbei um ein Wunschdenken oder eine Fantasie, aufgrund von Sauerstoffmangel. Wer mag, kann das denken.

Ich selbst sehe es anders, denn ich habe meine Erfahrung gemacht! Ich bin davon überzeugt, dass der Mensch weitaus mehr ist als seine äußere Hülle, nur bestehend aus seinem grobstofflichen Körper. Bei einer außerkörperlichen Erfahrung wird deutlich, dass wir als Mensch zwei Körper haben: einen physischen, grobstofflichen und einen feinstofflichen Körper.

Aus Berichten von Nahtoderfahrungen geht hervor, dass im feinstofflichen Körper die Sinneswahrnehmung viel intensiver ist als im grobstofflichen. Die Menschen berichten, dass sie alles, was an der Unfallstelle oder im Operationsraum vor sich ging, sahen und hörten. Zudem waren sie in der Lage, sich in andere Räume zu begeben, und zwar durch Mauern und geschlossene Türen hindurch. Wenn die scheintoten Patienten nach der Wiederbelebung „zu sich kommen", können sie den Ärzten überraschenderweise oft detaillierte Beschreibungen zum OP-Verlauf machen, und teilweise sogar genaue Angaben über Vorgänge, die während der Operation im Nebenraum stattfanden. Die Patienten erklären, dass sie diese Dinge nicht mit dem Körper auf dem Operationstisch wahrnahmen, sondern mit einem anderen Körper aus einer Perspektive außerhalb des physischen Körpers.

Diese Aussagen sind Beweise für die soeben beschriebenen Erfahrungen und widerlegen den Einwand, es habe sich nur um Halluzinationen gehandelt, aufgrund von Sauerstoffmangel im Gehirn oder aufgrund von eingenommenen Medikamenten.

Mir persönlich hat mein Nahtoderlebnis v.a. gezeigt, dass wenn der Körper zu qualvoll leiden muss, dann werden wir durch eine höhere Kraft erlöst. Das schenkt Hoffnung und Vertrauen! Das ist auch das, was ich dir wünsche, liebe/r Leser/in. G l a u b e und V e r t r a u e.

Ich wünsche dir alles, alles Liebe
und freue mich, dass du mein Buch gelesen hast ☺

Tine

Alle, die ihre Hoffnung auf den Herrn setzen,

kriegen neue Kraft,

dass sie auffahren mit Flügeln wie Adler!

Jesaja 40, 31

Hallo! Das bin ich.

Ich heiße Christine Reichel und
wurde am 17.12.1986 in Bamberg
geboren. Heute lebe ich mit meinem
Mann Klaus und unserem Sohn Toni in
Hollfeld. Das ist in der wunderschönen
Fränkischen Schweiz, in der Nähe von
Bayreuth.

Mir helfen meine Gedichte,
um selbst ein noch dankbareres, bewussteres und froheres Leben
zu führen. Neben dem Schreiben liebe ich es viel Zeit mit meiner
Familie zu verbringen, Fahrrad zu fahren und zu gärtnern.

Gerne helfe ich dir weiter, so gut ich kann. Wenn du Fragen zu den Themen meiner Bücher hast, dann kannst du dich jederzeit bei mir melden.

Chemo - ein Mordsgeschäft

Bei einer Krebserkrankung steht der Patient oft alleine. Doktor, wodurch konnte sich der Krebs bei mir entwickeln? Doktor, gibt es neben der Chemo- und der Strahlentherapie noch andere Möglichkeiten in der Krebstherapie? Gibt es Alternativen? Auf diese Fragen bekommt der Patient von den Ärzten nur selten eine befriedigende Antwort.

Fragt er weiter nach, wird er im günstigsten Fall belächelt, im schlimmsten Fall angebrüllt. Die Krebsbehörden sind allesamt nicht an einem Heilmittel gegen Krebs interessiert, denn sie müssten all ihre Geschäfte einstellen. Allein der finanzielle Gewinn der amerikanischen Krebshilfe beträgt jährlich 400 Millionen Dollar. Von dem Geld, das die amerikanische Krebshilfe angeblich dafür ausgibt, um den Krebs zu bekämpfen, fließen 61% in Personalgehälter, Geschäftsreisen leitender Angestellter, Bürobedarf und andere Ausgaben. Tatsächlich kommen nur weniger als 5% wirklich der Patientenhilfe zugute. Sogenannten alternativen Therapien wird konsequent vorgeworfen, sie würden falsche Hoffnungen wecken. Auf der anderen Seite ist jedoch bekannt, dass seitens der Regierung die meisten falschen Hoffnungen geschürt werden. Denn bei konventionellen Therapien besteht lediglich eine Langzeit-Überlebensrate von winzigen 3%. Christine Reichel hat in diesem Kompendium viele alternative Heilmethoden zusammengetragen, so dass der Leser/Patient sich einen verständlichen Überblick verschaffen kann über die Vielfalt an alternativen Therapien, die bei einer Krebserkrankung in Frage kommen können. Der Patient kann sich aus diesem Angebot das heraussuchen, was für ihn passend und anwendbar ist. Hierbei können viele Therapien auch gleichzeitig oder in Kombination durchgeführt werden. Dieses Buch ist ein Muss für Ärzte, Heilpraktiker und letztendlich auch für die Betroffenen selbst, die oft allein gelassen werden und nicht wissen, was sie selbst tun und wie sie sich selbst helfen können, den Krebs zu besiegen.

- Jim Humble Verlag, Hardcover, 258 Seiten
- **ISBN: 9789088791680**

ANTIBIOTIKA -
Darmzerstörer Nummer 1

Die Entdeckung des Penicillins durch Alexander Fleming führte zu vielen Erfolgen im Kampf gegen bakterielle Infektionskrankheiten. Seit Jahrzehnten zeigen jedoch immer mehr Bakterienstämme erhöhte Widerstandskräfte - sog. Resistenzen - gegen sämtliche Antibiotika. Allein in Europa sterben jährlich 33.000 Menschen, aufgrund von multiresistenten Keimen.

Eine Zahl, die immer weiter voranschreitet, wenn nicht endlich erkannt wird, dass es mittlerweile - im 21. Jahrhundert - weitaus bessere "Antibiotika" gibt. Und zwar solche, die keine heftigen Nebenwirkungen und keine Resistenzen hervorrufen. JA, diese Mittel gibt es tatsächlich! Herkömmliche Antibiotika sind - neben Resistenzbildnern - der heftigste Darmzerstörer. Der größte Teil unserer Immunabwehr sitzt allerdings in einem gesunden Darm. Krankheiten wie Müdigkeit, Allergien, Depressionen und Autismus liegen fast immer in einem kaputten Darm. Welche grandiosen Mittel es gegen diese Krankheitsbilder gibt, und wie Sie Ihr Darmmilieu stärken können, erfahren Sie in diesem Buch.

- BoD, Taschenbuch, 456 Seiten
- **ISBN: 9783749471669**

Sei wie ein Leuchtturm

- Lyrik und Poesie -

Sei wie ein Leuchtturm,
aus dem das Licht erstrahlt,
wie ein Liebespionier,
der die Welt noch bunter malt.

Ein Song- und Gedichtebuch,
für euch eingepackt in schönen Reimzeilen.
Weg von Bewertungen, Druck, Stress und Vorurteilen.
Hin zu mehr Liebe, Freude, Dankbarkeit
und dem Erkennen deiner Vollkommenheit!

- BoD, Taschenbuch, 108 Seiten
- Mit Zeichnungen der Autorin
- **ISBN: 9783753499086**

Du erreichst mich unter:
Facebook: Christine Reichel
YouTube: Christine Reichel
Tine.reichel@web.de